DOROTHEA FRANCK / GEORG FRANCK

Qualität
Von der poetischen Kraft der Architektur

Form und Bedeutung

Nach der Monotonie der Moderne und den manieristischen Exzessen der Postmoderne wird es Zeit für eine neue Diskussion des Begriffs architektonischer Qualität. Was bedeutet Qualität in der Architektur? Welche Eigenschaften machen ein gutes Gebäude gut?

Es ist sinnlos, nach einer Formel für Qualität zu suchen. Es wird auch keinen Konsens darüber geben, wie Qualität zu messen sei. Qualität läßt sich nicht berechnen. Daraus folgt aber nicht, daß keine Prinzipien und Kriterien artikuliert werden könnten. Qualität ist ein relativer Begriff. Relativ ist jedoch etwas anderes als willkürlich. Relativ heißt, daß Qualität an Bedingungen gebunden ist. Es sind diese Bedingungen, aus denen sich Kriterien für Qualität entwickeln lassen. Kriterien für Qualität zu entwickeln, bedeutet nicht, Qualität in Regeln einzufangen.

Die Moderne neigte dazu, Aufgaben zu vernachlässigen, die einer vollständigen Analyse Widerstand leisten. Modernität kultivierte ein Pathos der Kontrolle, beruhend auf mechanischer Produktion, Wiederholbarkeit und Kontextunabhängigkeit. So überrascht es nicht, daß die formale Linguistik im 20. Jahrhundert zur Modellwissenschaft wurde. Eine linguistische Wende *(linguistic turn)* vollzog sich in einem breiten Spektrum von Disziplinen. Von der Philosophie zur Biologie, von der Ethnologie zur digitalen Technologie reicht die Spanne der Disziplinen, in denen der Begriff eines finiten, syntaktisch definierten Codes einen paradigmatischen Erdrutsch auslöste. Die Reduktion von Bedeutung auf formale Regeln und die Doktrin der Arbitrarität der Beziehung zwischen Zeichen und Bezeichnetem ließ die Formalisierung dieser Disziplinen ein bis dahin nicht gekanntes Niveau erreichen. Allerdings war diese Konzentration auf Formalisierbarkeit nun für die Auffassung dessen, was Sprache vermag, zwiespältig. Sie war fruchtbar in technologischer, in ästhetischer Hinsicht aber verarmend.

Die Semiotik der Arbitrarität ist eine Semiotik der Abstraktion. Die Relation zwischen Form und Bedeutung läßt die inhärenten Eigenschaften der aufeinander bezogenen Elemente unberührt. Sinnenfällige Analogien zwischen Form und Bedeutung sind überflüssig beziehungsweise bleiben unberücksichtigt. Linguistisch bedeutet Arbitrarität, daß nichts an der Form als solcher auf inhaltliche Eigenschaften deutet, daß also das Wort »Stuhl« nicht wie ein Stuhl auszusehen braucht und das Wort »Hund« nicht wie ein Hund klingt. Die Beziehung zwischen Form und Inhalt ist rein konventionell und in diesem Sinne willkürlich. Das Gegenteil von Arbitrarität ist Motiviertheit. Eine motivierte Beziehung zwischen Form und Inhalt entsteht zum Beispiel durch sinnliche Analogien und synästhetische Korrespondenzen. Das deutlichste Beispiel für eine motivierte Form ˻nde˼ der onomatopoetische Ausdruck, wo der Klang des Wortes Eigenschaften des bezeichneten Objekts imitiert.

Was heißt Arbitrarität im Kontext der Architekturästhetik? Sie bedeutet hier, daß außer funktionalen Kriterien nur noch der individuelle Geschmack und soziale Konventionen das ästhetische Urteil begründen. Die Annahme, daß die Beziehung zwischen Bezeichnendem und Bezeichnetem willkürlich ist, heißt hier, daß es inhärente ästhetische Eigenschaften nicht gibt. Im Grund ist dann alles gleich geeignet, ästhetische Qualität zugesprochen zu bekommen. Gebäude nehmen ästhetische Qualität dann dadurch an, daß sie in den herrschenden Kanon architektonischer Formen passen oder von denjenigen, die Einfluß haben, für architektonisch bedeutend erklärt werden.

Von dieser Annahme einer arbiträren Form-Bedeutungs-Relation geht ein Gefühl der Freiheit und Autonomie aus. Nur macht diese Freiheit nicht froh. Die Frage ist, wessen Autonomie sie fördert. Im Gegensatz zur sprachlichen Konvention, die von der gesamten Sprachgemeinschaft getragen wird und von einzelnen nur minimal beeinflußt werden kann, wird die Sprache der Architektur von einer viel kleineren Gruppe, den tonangebenden Architekten und den sie tragenden Medien, bestimmt. Die Freiheit dieser Gruppe ist nicht nur soziologisch, sondern grundsätzlich zweifelhaft. Die Ästhetik der Arbitrarität ignoriert die natürlichen Bedingungen, die mit unserer leiblichen, sinnlichen und emotionalen Konstitution einhergehen. »Frei« von diesen Bedingungen und Einschränkungen zu operieren, führt zu einem Mangel an sinnlicher Motivierung. Um sinnliche Motivation verarmt, tendiert die Freiheit dazu, zur Entfremdung zu degenerieren.

Die Moderne versuchte, die Lücke der sinnlichen Motivierung durch Betonung der Funktionalität zu schließen. Sie übersah geflissentlich, daß es keine automatische Übersetzung der Funktion in Form gibt. Die Pioniere der Moderne verfügten in der Praxis über soviel gestalterische Intuition, daß die ideologische Lücke nicht auffiel. Die machte sich dann um so verheerender bei den modernen Architekten zweiten Rangs bemerkbar. Die Moderne glitt in eine historisch beispiellose Ödnis ab, wo das einfache Regelwerk des modernen Bauens nicht durch eine irreguläre gestalterische Kraft ergänzt wurde.

Das Arbitraritätsdogma der Moderne wurde von der Postmoderne nicht abgeschafft. Die Postmoderne trieb es, im Gegenteil, auf die Spitze. Sie ließ sogar noch die moderne Motiviertheit durch Funktion fallen. Die Postmoderne sprengte den eng gewordenen Kanon moderner Form, endete aber in einem Manierismus, der das vorangegangene Paradigma nur durch Negation umstülpte oder durch Übertreibung ad absurdum führte. Die Arbitrarität der Beziehung zwischen Zeichen und Bezeichnetem blieb nicht nur fraglos akzeptiert, sondern wurde auch noch eigens betont.

Von der linguistischen zur poetischen Wende

Aus Technologie entsteht immer nur wieder Technologie. Für sich genommen schafft sie keine Kunst. Formale Linguistik ist eine Technologie. Architektur ist eine Kunst. Bedeutet das, daß Einsichten in die Sprache und den Sprachgebrauch nichts zu bieten haben für das Verständnis architektonischer Qualität? Keineswegs. Sprache ist das wichtigste Organisationsprinzip unseres Denkens, Fühlens und Wahrnehmens. Die moderne Linguistik erfaßte lediglich einen Teil der der Sprache inhärenten Intelligenz. Sie ignorierte die Dimension der Qualität – beziehungsweise reduzierte diese auf die einfache und automatisch generierbare Unterscheidung zwischen (grammatikalisch) richtig und falsch. Es gibt nun aber durchaus Disziplinen, die sich mit der Dimension sprachlicher Qualität jenseits der grammatikalischen Korrektheit befassen. Das künstlerische Gegenstück zur Linguistik ist die Poetik.

Die moderne Linguistik verfolgt einen funktionalen Ansatz. Sie beschreibt Sprache als Algorithmus, bestehend aus einer finiten Menge lexikalischer Einheiten und generativer Regeln. Jeder Ausdruck, der nach den Regeln dieses Formalismus hergestellt ist, gilt als *wohlgeformt*. Das linguistische Verständnis der Sprache stimmt überein mit dem funktionalistischen Ansatz der Architektur als einem System von Elementen und Verfahren, die eine wohldefinierte Liste operationaler Kriterien erfüllen. In beiden Fällen muß die Funktion als Bestimmung von Wohlgeformtheit beziehungsweise guter Form genügen.

Eine Poetik liefert einen weniger kalkulierbaren, dafür aber differenzierteren Begriff von Qualität. Sie bietet keine Algorithmen für gute Form. Sie erklärt aber den Erfolg von Gestaltungsprinzipien, sie schärft unsere Wahrnehmung für subtile Unterschiede und hilft, Formen und Qualitäten jenseits des Konventionellen zu entwickeln. Wie entsteht poetische Qualität? Die Liste der Ingredienzien ist lang und nicht einfach zu fassen. Um sie dennoch in den Griff zu bekommen, schlagen wir eine Einteilung in sechs Kategorien vor, die sich teils überlappen, jewels aber andere Facetten herausheben. Diese Kategorien sind: Motiviertheit, Verdichtung, Resonanz, Gleichgewicht, Einfachheit, glückliche Koinzidenz.

Motivation ist das Gegenteil von Arbitrarität. Arbiträr ist die Form, die bloßer Konvention oder individuellem Dezisionismus folgt. Motiviert ist die Form, deren formale Entscheidung in einem Netz nichtnotwendiger, aber weitreichender sinnfälliger Bezüge verankert ist. Ein Feld subtiler Relationen eröffnet sich, sobald die der Achtsamkeit eigenen Wünsche, also unsere sinnlichen, emotionalen und intellektuellen Bedürfnisse, ins Spiel gebracht werden. Hinter jedem unserer Sinne steckt eine eigene Intelligenz. Dem Bedürfnis, diese Intelligenzen in Übereinstimmung oder zumindest in Beziehung zu bringen, entspringt unser Sinn für Synästhesie und multimodale Harmonie. Alle Sinneseindrücke haben emotionale Konnotationen. Die Wahrnehmung unserer Umgebung nährt unsere Stimmung und Befindlichkeit. Emotionen lösen Erinnerungen und Erwartungen aus. Eine unerschöpfliche Quelle von Bedeutung ergibt sich aus der Bewertungsfunktion der Emotionen und der Kopräsenz von Vergangenheit und Zukunft in der Gegenwart der Erfahrung. Eine motivierte Entscheidung ist die, die das Sichtbarmachen der funktionalen und symbolischen Bezüge um die Aktivierung dieser vielschichtigen und weitreichenden Konnotationen bereichert.

Dichte entsteht, wenn die Entscheidung der Form im mehrfacher Hinsicht motiviert ist. Eine Formulierung gewinnt diese Qualität, wenn sie von der Möglichkeit Gebrauch macht, scheinbar unabhängige Elemente und Bedeutungsebenen so in Kontakt zu bringen, daß sich Felder der Wechselwirkungen bilden. Verdichtung ist die Essenz poetischer, also dichterischer Qualität. Ein wichtiger Unterschied zwischen den Idealen der Poesie als gestalteter und der Prosa als funktionaler Sprache liegt im Umgang mit Mehrdeutigkeit und Vielschichtigkeit. In Prosa soll das offene und unabschließbare Bedeutungspotential des sprachlichen Ausdrucks auf genau die eine gewünschte Funktion eingeschränkt werden. In der Dichtung hingegen wird das breite und niemals ganz eingrenzbare Potential an Ambiguitäten, Konnotationen und Klangqualitäten gerade genutzt und fruchtbar gemacht. In der Architektur wird Verdichtung durch den umsichtigen und mehrschichtigen Gebrauch kontingenter Eigenschaften erreicht. Nehmen wir das einfache Beispiel der Farbe. Farbe ist eine Eigenschaft (fast) sämtlicher Bauteile, ohne an eine Funktion im engeren Sinne gebunden zu sein. Dennoch ist Farbe etwas, das wir unvermeidlich wahrnehmen. Diese redundante Qualität ist eine sprudelnde Quelle architektonischen Ausdrucks. Um zur Verdichtung des Ausdrucks beizutragen, muß Farbe so eingesetzt werden, daß sie mit anderen sinnlichen Eigenschaften reagiert und ihre Konnotationen vernetzt. Die Wahl der Farbe reagiert mit Farben und Formen der Umgebung und trägt vor allem dann zur Verdichtung des architektonischen Ausdrucks bei, wenn sie in Resonanz mit nichtvisuellen Eigenschaften wie Rhythmus, Textur, Volumen versetzt wird.

Zum Phänomen der *Resonanz* kommt es, wenn Qualitäten unterschiedlicher Art und Elemente, die in keiner direkten Beziehung stehen, durch sichtbare oder verborgene Analogien in harmonische Schwingung versetzt werden. Das wörtliche Beispiel für Resonanz ist die Schwingung der Saite, die Obertonschwingungen in der hölzernen, selbst nicht unmittelbar angeregten Hülle hervorbringt. Diese Reaktion hängt vom Schwingungspotential des verwendeten Materials und von der Formgebung ab. In der Dichtung steht der Begriff der Resonanz für das Phänomen, daß ein Ausdruckselement latente Form- und Bedeutungsanalogien in benachbarten Elementen zu Bewußtsein bringt, die andernfalls unbemerkt geblieben wären. In der Architektur steht das Phänomen der Resonanz hinter dem Eindruck von Einheit und Zusammenhang trotz Komplexität und Vielfalt. Um diesen Eindruck zustande zu bringen, muß ein Netz von Analogien und Konnotationen zwischen Sinneswahrnehmungen, symbolischen Bedeutungen und funktionalen Hinsichten aufgespannt werden. Wenn dieser Eindruck auf wirksame, aber unaufdringliche Weise hergestellt wird, stellt sich das Gefühl eines »Klangs« ein, in dem das Ganze zusammenstimmt.

Gleichgewicht oder Balance ist das Organisationsprinzip, das Komplexität stabilisiert, ohne sie zu reduzieren. Diese Qualität des Ausgleichs vermag es, heterogene oder gar widersprüchliche Elemente eines Bauwerks in ein ausgewogenes und trotzdem spannendes Verhältnis zu bringen. Durch das Austarieren von Proportion, Wertigkeit und Gewicht entsteht ein Ganzes aus einer Summe von Teilen. Ausgewogenheit ist nun allerdings keine Garantie für Qualität. Im Gegenteil. Die Schattenseite der Balance ist Langeweile. Der Unterschied zwischen einem langweiligen, spannungslosen und einem interessanten Ausgleich liegt darin, wie weit die Extreme auseinanderliegen, die zusammengespannt werden. Ein Beispiel für eine interessante, spannungsreiche Balance ist ein Gebäude, das einerseits strikt einer autonomen Formengrammatik folgt und andererseits dennoch genau und empfindlich auf die Umgebung reagiert. Andere Beispiele interessanter Balance sind dort zu finden, wo das Problem großer Formate in der Architektur gemeistert wird. Große Volumen verlangen eine monumentale Form. Als Qualität resultiert Monumentalität aus dem Ausgleich solcher Spannungen und Oppositionen, die ein kleineres Gebäude aus sich heraus gar nicht entwickeln könnte. In der Organisation großer Formate entfaltet die monumentale Form den Eindruck von Macht. Sie berührt unvermeidlich die soziale und psychologische Dimension, weshalb Monumentalität leicht in Imponiergehabe abgleitet und dazu neigt, Macht auf Kosten der Beeindruckten zu symbolisieren. Eine monumentale Architektur, die die Würde derer respektiert, auf die sie Eindruck macht, verwandelt die rohe Gewalt der großen Form in ein kraftvolles und gleichzeitig subtiles Spiel von Gegenkräften.

Einfachheit ist eine Qualität, die alles andere als einfach herzustellen ist. Nur wenn Einfachheit mit Reichtum zusammengeht, kann sie nämlich als Qualität gelten. Einfachheit verbindet sich mit Reichtum, wenn komplexe und heterogene Bedürfnisse ohne Umschweife, das heißt auf ökonomische, auf lakonische Weise versöhnt werden. Einfachheit in diesem Sinn stellt sich ein, wenn funktionale und ästhetische Kriterien wie von selbst, ohne sichtbare Anstrengung, in Einklang gebracht werden. Einfachheit wird durch den »Klick« eines Evidenzerlebnisses zur Qualität. In gewisser Weise eröffnet dieser Sprung auf eine andere Ebene erst die Möglichkeit, von ästhetischer Qualität überhaupt zu reden. Von ihm rührt das Plötzliche in der spezifisch ästhetischen Erfahrung von Perfektion her. Und in jedem Fall reagiert unser Sinn für ästhetische Perfektion sehr viel stärker auf die scheinbar mühelose Zähmung der Unordnung als auf die angestrengte Befolgung der Regeln einer *architectural correctness*.

Auf *glückliche Koinzidenzen* muß bauen, wer die Vielzahl kontingenter, funktionaler und nichtfunktionaler Eigenschaften von Räumen und Bauteilen zur Resonanz bringen will. Architektonisch interessante Lösungen haben die paradoxale Eigenschaft, sowohl evident wie überraschend zu sein. Diese Art Qualität kann nicht erzwungen werden. Man muß sie finden. Was getan werden kann, ist, auf die Bedingungen zu achten, die das Finden erleichtern. Dazu gehört in erster Linie die innere Einstellung des Entwerfers. Kreative Architekten zeichnen sich durch eine Verbindung von obsessiver Empfindlichkeit fürs Detail und kühner Offenheit für große Perspektiven aus. Empfindliche Sinnlichkeit, sicheres Urteil, Vertrauen in die eigene Intuition, ungebremste Neugierde und – nicht zu vergessen – große Geduld schaffen einen geistigen Raum, in dem glückliche Zufälle sich willkommen fühlen. Da sich architektonische Qualität nicht aus allgemeinen Regeln ableiten läßt, kommt es stets auf Ad-hoc-Lösungen an. Es zählen, anders gesagt, die globalen und lokalen Bedingungen gleichermaßen. Es ist das gleichzeitige Achten auf die globalen und lokalen Bedingungen, das Lösungen hervorbringt, die sowohl sehr individuell als auch hoch motiviert sind. Ein typisches Merkmal dieser Lösungen ist, daß sie im Vorausblick spontan und unvorhersagbar sind, im Rückblick aber evident und geradezu zwingend erscheinen.

Vision

Welche Ideale, welche Vision der Architektur stecken hinter diesen poetischen Prinzipien? Sind es Ideale, die sich auf Formen, Gebäude, Plätze, Städte – kurz: auf Objekte – beziehen, oder beziehen sie sich auf die persönliche Erfahrung des architektonischen Raumes? Die erste, vergegenständlichende Sichtweise scheint die näher liegende, die einer wissenschaftlichen Weltsicht gemäße. Sie ist die Sicht, die auf die Objekte hinter – oder vor – der subjektiven Erfahrung gerichtet ist. Allerdings ist diese Sicht inzwischen auch in den Wissenschaften hart umstritten. Der naive Realismus, der die Welt so fassen möchte, wie sie unabhängig von der subjektiven Erfahrung zu denken ist, könnte auch naiv im schlechten Sinne des Wortes sein.

Wissenschaftliche Objektivität soll auf Erfahrung gegründet sein, wobei Erfahrung mit Messung gleichgesetzt wird. Wenn die Erfahrung nun aber die primäre Realität ist, dann sind die Gegenstände, wie sie als unabhängig von der Erfahrung gegeben zu denken sind, Konstrukte. Erfahrung ist immer die Erfahrung eines einzelnen Menschen. Die Objektivität der Gegenstände, die erfahren werden, kann strenggenommen nur auf Intersubjektivität oder axiomatische Postulate gründen. Auch das Ideal architektonischer Qualität kann sich aus ungebrochen realistischer Sicht nur entweder auf die soziologische Kategorie des allgemeinen Geschmacks oder auf meßbare Eigenschaften der architektonischen Objekte beziehen.

Die zweite, bewußt subjektive Sichtweise nimmt die Perspektive persönlicher Erfahrung zum Ausgangspunkt. Für sie bezieht sich der Begriff der Qualität in erster Linie auf die Fähigkeit und Sensibilität der Person, die die Erfahrung macht. Neben den physischen Bedürfnissen und der kognitiven Intelligenz, die vom objektiven Ansatz auch erfaßt werden, richtet sich die subjektive Sichtweise auf die emotionale und sinnliche Intelligenz der Benutzer.

Die objektive Sicht kann nicht umhin, architektonische Qualität vor allem in der Funktionalität und der symbolischen Funktion des Gebäudes zu suchen. Das spezifisch Ästhetische ist auf die symbolische Funktion der Repräsentation beschränkt. In der subjektiven Perspektive bezieht sich architektonische Qualität auf die Qualität des Lebens, das zu behausen das Gebäude da ist. Im ersten Fall liegt das Ideal in der perfekten Erfüllung einer Liste wohldefinierter objektivierbarer Kriterien. Im zweiten Fall liegt das Ideal darin, mehr an Sinnlichkeit und Empfindlichkeit anzusprechen, als der Benutzer oder Betrachter sich bewußt war zu haben. Im ersten Fall ist die Ästhetik ethisch neutral. Im letzteren sind Ästhetik und Ethik unzertrennlich.

Um das Gesagte anschaulich zu machen, sei ein Hauseingang genommen. Aus objektiver Sicht ist er einfach eine Tür: ein materielles Objekt, in dem die Funktion des Eingangs und Ausgangs zusammenfällt. Im subjektiven Ansatz bleibt der Unterschied der Bewegungsrichtungen erhalten. In dieser Perspektive ist das Ankommen nicht einfach die logische Umkehrung des Weggehens. (Bemerkenswerterweise unterscheidet auch die deutsche Sprache nicht nur die Richtungen des Kommens und Gehens beziehungsweise von Eingang und Ausgang, sondern die verschiedenen Wahrnehmungsperspektiven des Hin und Her.) Die Irreduzibilität dieser Richtungsunterschiede gilt für die Erfahrung der Bewegung im Raum ganz allgemein. Erinnert sei nur an den Schulweg des Kindes: Der Gang zur Schule und der Weg nach Hause sind emotional so unterschiedliche Erfahrungen, daß das Kind sie fast als zwei verschiedene Wege oder Straßen erfährt.

Außer diesen Richtungsunterschieden fällt eine für soziale Wesen wichtige Differenz unter den Tisch, wenn die Tür nur als Objekt betrachtet wird. Sie hat mit dem rituellen Charakter des Übergangs zwischen Öffentlichkeit und Privatsphäre zu tun. Ein Eingang ist die Szene alltäglicher *rites de passage*. Schwellen stellen existentiell riskante Situationen dar. Sowohl die harten Übergänge wie auch die Risiken von Begegnung und Trennung mildern wir im sozialen Leben mit Ausdrücken des Willkommens und des Abschieds. Ein gut gestalteter Eingang beziehungsweise Ausgang nimmt unterstützend Teil an dieser rituellen Arbeit.

Ein Eingang sagt, von welcher Art das Leben ist, dem das Gebäude dienen soll. Er verrät, was der Architekt sich darunter vorstellt, eine Person zu sein. Um den Eintretenden als Person zu empfangen, muß der Eingang mehr als nur die Funktionen des Öffnens und Schließens erfüllen. Er muß eine Gebärde darstellen. In der Art und Weise, wie uns ein Gebäude empfängt, macht es uns mit dem Status bekannt, der uns im Innern zugemessen wird. Der Eingang plaudert aus, als was wir drinnen behandelt werden. In der kritischen Situation des Überschreitens der Schwelle ist uns ein höflicher Empfang ein Grundbedürfnis. Wir möchten die Versicherung spüren, daß die eigene Würde nicht in Gefahr ist. Um dieser Versicherung Ausdruck zu geben, muß eine Architektursprache zu mehr in der Lage sein, als nur die physische Funktion zu bezeichnen. Sie muß reich und differenziert genug sein, um die Komplexität zwischenpersönlicher Höflichkeit zu bewältigen. Sie muß es verstehen, uns als fühlende Wesen zu behandeln.

Jedes fühlende Wesen ist eine eigene Welt: eine eigene Sphäre geistesgegenwärtigen *da* Seins und subjektiven Erlebens. Erleben ist mehr als Information. Es ist etwas Unmittelbares und Unanalysiertes. Die subjektive Erlebnissphäre ist ein Ganzes, aber ein Ganzes voller Komplexität, Spannungen und Widersprüche. In ihr kommen die Wahrnehmungsmodalitäten der verschiedenen Sinnesorgane zusammen, in ihr hat stets ein ganzes Spektrum von Empfindungen, Gefühlen, Gedanken und Vorstellungen statt. Die emotionale Einfärbung des Erlebten ist mehrschichtig und voller Instabilitäten und Gegensätze. Und damit nicht genug. In der Präsenz des Bewußtseins kommt nicht nur vor, was unmittelbar gegenwärtig ist, sondern auch alles, was für uns jeweils an Künftigem und Vergangenem existiert. Alles dieses Vorkommende bewegt sich ununterbrochen zwischen Vordergrund und Hintergrund der Aufmerksamkeit.

Vitruv, poetologisch

In der Potenz, spezifisch auf die Sphäre des subjektiven Erlebens einzugehen, liegt die poetische Kraft der Architektur. Um Beispiele dieses Eingehens zu wählen, seien die altehrwürdigen Prinzipien des Vitruv herangezogen. Nach Vitruv sind es drei Prinzipien, die der architektonischen Qualität zugrunde liegen: *firmitas* (Festigkeit, Stabilität), *utilitas* (Nützlichkeit, Funktion) und *venustas* (Schönheit).

In objektivierender Perspektive bezieht sich die Qualität der Festigkeit auf die strukturelle Stabilität des materiellen Gegenstands. Gemäß der subjektiven Auffassung bezieht sich *firmitas* auf die Bedürfnisse, die durch Stabilität erfüllt werden. Für Wesen mit so verletzlicher Konstitution wie der menschlichen ist nicht nur der verläßliche materielle Schutz, sondern auch schon der emotionale Eindruck eines festen Stehens ein existentielles Bedürfnis. Deshalb haben wir eine unwillkürliche und instinktiv scharfe Wahrnehmung für Zeichen von Stabilität und Instabilität in unserer Umgebung. Für die architektonische Gestaltung steht die Wahl offen, ob sie die Erfordernisse der Stabilität lediglich materiell erfüllen oder die *firmitas* auch ästhetisch zum Ausdruck bringen will. Der Eindruck der Standfestigkeit kann auf zweierlei Weise angesprochen werden: durch eigenes Betonen des Dastehens oder durch Leugnung der Schwerkraft. Technisch stehen heute beide Optionen offen. Eine motivierte Entscheidung, ob ein Gebäude schwer oder leicht wirken soll, wird Eigenschaften der Umgebung aufgreifen und zur Herstellung von Resonanzen nutzen. Eine Umgebung, die in besonderem Maße unser Schutzbedürfnis anspricht, ist das Gebirge. Valerio Olgiatis Gelbes Haus im Graubündener Flims demonstriert, wie die Darstellung der Festigkeit in einer solchen Umgebung zu einem wirksamen Motiv gesteigert werden kann. Nach außen hin demonstriert das Gebäude Solidität und Sicherheit, innen gewährt es die Stimmung asketischer Zurückgezogenheit. Die Bedürfnisse, die da bedient werden, gehen weit über Schutz und Sicherheit hinaus. Die Architektur gemahnt uns an die Chancen, in selbstgewählter Abschottung zu uns zu kommen, und an die besondere Qualität, die die Stille in meditativer Abgeschlossenheit annehmen kann.

Utilitas: Nützlichkeit oder Funktionalität ist scheinbar einfach zu definieren. Sie bezieht sich auf die Reihe der Funktionen, die das Gebäude zu erfüllen hat. Je genauer wir die Reihe nun aber betrachten, um so länger wird die Liste der Funktionen, die ein Gebäude zu erfüllen hat. Die Funktion eines Gebäudes ist, was seine Benutzer – und Betrachter – von ihm erwarten. Da die Erwartungen aller zählen, die irgendwie mit dem Gebäude in Berührung kommen und im Guten oder Schlechten etwas von ihm haben, wird die Liste nicht nur von vornherein sehr lang ausfallen, sondern auch wachsen, bis das Gebäude schließlich beseitigt wird. Hinzu kommt, daß die von der Existenz

Qualität 475

Valerio Olgiati: Gelbes Haus in Flims (2000)   Fotos: Archiv Olgiati

Axel Schultes/Charlotte Frank: Krematorium Baumschulenweg in Berlin-Treptow (1998)
Foto: Werner Huthmacher/artur

eines Gebäudes berührten Belange sich nicht auf physische Bedürfnisse beschränken. Es zählen auch emotionale Neigungen und mentale Bedürfnisse. Der Begriff der Funktionalität verliert unweigerlich seine Griffigkeit, sobald er schlüssig definiert wird. Daß ein Begriff der Funktion, der ein breiteres als das üblicherweise betrachtete Spektrum an Wünschen einbezieht, kein Luxus ist, zeigt sich am Beispiel des Krematoriums, das Axel Schultes in Berlin gebaut hat. Ginge es nur um konkret greifbare Bedürfnisse, dann bestünde die Funktion eines Krematoriums in der hygienischen und effizienten Beseitigung von Leichen. Tatsächlich liegt die Schwierigkeit einer architektonischen Bewältigung der Aufgabe aber auf emotionalem und zeremoniellem Gebiet.

Zunächst einmal muß die Symbolik des Gebäudes dem beherbergten Geschehen angemessen sein. Das Krematorium ist der Ort des Abschiedsrituals, eines ergreifenden emotionalen Geschehens. Die wichtigste Funktion ist die, einen würdigen Rahmen für die Gefühle der Trauer und des Mitgefühls zu bieten. Die Würdigkeit des Abschieds bezieht sich nun aber nicht nur auf den Ablauf des Rituals und auf die Tiefe der persönlichen Gefühle. Sie hängt auch ab von der Darstellung der sozialen Eingebundenheit und sozialen Bedeutung des Verstorbenen. Die Tatsache, daß die Halle sowohl große Menschenmengen als auch kleine – und bisweilen peinlich kleine – Gruppen von Trauernden aufnehmen muß, stellt die vielleicht prekärste Anforderung an das architektonische Können. Schultes löste dieses Problem mit verblüffender Eleganz. Der Säulenwald, der die Halle füllt, stellt einerseits eine passende Symbolik her und löst andererseits das delikate soziale Problem. Die lokker angeordneten Säulen lassen gnädig im Ungenauen, wieviel Trauernde sich tatsächlich eingefunden haben. Die Säulen stehen da, als ob die ersten Trauergäste immer schon da wären. Zustande kommt diese Lösung dadurch, daß die Gestaltungselemente zwanglos mehrere – scheinbar entlegene und miteinander nichts zu tun habende – Aufgaben erfüllen. Die Lösung folgt den poetischen Prinzipien von Verdichtung und Resonanz, um diese unabhängigen Funktionen in ein Verhältnis wechselseitiger Verstärkung und Überhöhung zu versetzen.

Daß Vitruv das Wort *venustas* für das Prinzip der Schönheit wählte, ist nicht selbstverständlich. Der weniger anthropomorphen Bezeichnung *pulchritudo* zog er ein Wort vor, das sich ausdrücklich auf Venus als das Sinnbild von Erotik und weiblicher Schönheit bezieht. (Alberti wird dann später den Begriff *amoenitas*, also Schönheit eher im Sinne von Anmut und landschaftlicher Lieblichkeit, vorziehen.) Der eine Gesichtspunkt ist, daß Architektur eine körperliche Präsenz besitzt. Die bauliche Gestaltung verhält sich zu uns als körperliche Wesen und wird von uns als Haltung und Gebärde erlebt. Der zweite Aspekt ist, daß unser Sinn für körperliche Schönheit durch und durch synästhetisch angelegt ist. Insbesondere antizipiert der Fernsinn des Sehens die Erfahrung der unmittelbaren Berührung. Diese beiden Gesichtspunkte werden besonders relevant, wo Architektur dem bloßen Körper gegenübertritt, wie zum Beispiel in Räumen zum Baden und Schwimmen. In diesem Fall ließe uns der schlichte Mangel an erotischen Konnotationen etwas vermissen. Andererseits würde eine zu direkte Symbolik Peinlichkeit erzeugen. Erotik darf daher nur durch subtile Anspielungen und unterschwellige Resonanzen angesprochen werden.

Was poetische Strategien in dieser Hinsicht leisten können, zeigt sich im Pool House von Kathryn Findlay. Wenn man sich dem Gebäude nähert, fällt der weich abgerundete Rand des tief heruntergezogenen Rieddaches auf, das zunächst einmal einen nichttrivialen Akkord mit dem alten Haus und der Gartenarchitektur anschlägt. Dann wandert das Auge hinauf zum Dachfirst mit den Irispflanzen vor dem Oberlicht. Der überraschende Kontrast zwischen dem trockenen, organischen, abgerundeten, pelzähnlichen Ried unten und der kristallinen, durchsichtigen Glasbox oben auf dem Dach läßt den Betrachter über die Nutzung des Gebäudes rätseln. Innen wird er überrascht von einem Schwimmbad unter einer glatten, zeltartig gespannten Decke, die

Kathryn Findlay: Pool House (2000)   Fotos: James Harris

den Blick hinauf zur Öffnung zwischen den Dachflächen führt. Hier nehmen die außen gerundeten, pelzartigen Formen eine neue Konnotation an. Die weiche, glatte und nasse Innenseite löst leise erotische Assoziationen aus. Eine plumpe Analogie ist jedoch sorgfältig vermieden, unter anderem durch die Inversion der Temperatur der Farben: Die warmen Töne der Außenseite wenden sich innen in ein kühles Weiß und Blau.

Zwei Arten der Präzision

Die drei Beispiele gewinnen ihre Qualität aus der Präzision, mit der funktionale Bedingungen, persönliche Vorlieben und Eigenschaften der Umgebung zu einem Klang verschmolzen werden. Die poetische Präzision, die für eine solche Orchestrierung nötig ist, geht über die Präzision des Kalküls hinaus. Es wird nicht eine einzelne Funktion maximiert, sondern der Gesamteffekt eines Ensembles heterogener, manchmal sogar inkommensurabler Faktoren optimiert. Die nichtarbiträre Beziehung zwischen Form und Funktion beruht weder auf einfacher Analogie noch Ableitbarkeit aus Genrekonventionen. Zur besonderen Qualität kommt es nicht ohne riskante Entscheidungen. Der Entwerfer muß die Sensibilität haben, zu merken, wann der richtige Ton getroffen ist. In diesem Merken muß derselbe Sinn für das Zusammengehen prospektiver Überraschung und retrospektiver Evidenz zur Sprache finden, der später dem Betrachter ein Licht aufgehen läßt.

Ein gutes Gedicht ist nicht weniger präzis als eine gute Theorie. Der Unterschied liegt in der Art der Wünsche, die befriedigt werden sollen. Eine Theorie muß präzise sein, um Kongruenz zwischen vorhergesagten und gemessenen Daten herzustellen. Ein Gedicht ist präzise, wenn das Potential der Sprache optimal für die Vermittlung zwischen innerer und äußerer Welt genutzt wird. Die Befriedigung, zu der gute Architektur verhilft, ist die, daß mehr Wünsche erfüllt werden, als der Benutzer oder Betrachter sich bewußt war zu haben. Um dies leisten zu können, setzt gute Architektur eben auch anspruchsvolle, sensible und im mehr als nur intellektuellen Sinn intelligente Benutzer voraus. Oder genauer: Gute Architektur schafft anspruchsvolle Benutzer, indem sie diese voraussetzt.

Die andere Form der Präzision ruft nach einer neuen Interpretation des Schlagworts »intelligentes Bauen«. Bauen kann intelligent sein im Gebrauch neuer und alter Technologien und in der optimalen Nutzung der Ressourcen, die in der Umwelt verkörpert sind. Das Bauen kann aber auch intelligent sein im Sinne sozialer und emotionaler Intelligenz. Intelligent in diesem Sinn ist, wer auf die Intelligenz seiner Mitmenschen achtet und auf sie einzugehen vermag. Im sozialen und emotionalen Sinn intelligent ist die Architektur, die ästhetische Lösungen für die Wahrnehmung der rituellen Aufgaben und der emotionalen Erwartungen bietet, die von sensiblen Benutzern und gebildeten Betrachtern an ein Haus gestellt werden. Im ersten Fall liegt das Kriterium der Intelligenz in ökonomischer und ökologischer Effizienz. Im letzteren Fall liegt es darin, daß die kognitive, emotionale, soziale und sinnliche Intelligenz der Benutzer nicht unterschätzt wird.

Regeneration

Die vorgestellten Prinzipien einer Poetik der Architektur stellen kein Rezept dar, sind aber durchaus programmatisch gemeint. Sie sollen Katalysatoren sein und die paradigmatischen Verschiebungen verstärken, die im Untergrund bereits rumoren. Es reicht nicht, die Verheerungen des letzten Jahrhunderts mit kühlem Blick zu messen. Auch die post-postmoderne Stimmung der Stagnation gilt es zu überwinden. Um nun aber Ausgedientes loslassen zu können, müssen am Horizont Umrisse des Neuen sichtbar sein. Es geht uns nicht um einen Katalog neuer Formen, sondern um das Gehör für einen neuen Ton. Was tatsächlich ausgedient haben sollte, ist der intellektuelle Zynismus, mit dem sich die postmoderne Hyperflexibilität risikofreie Fluchtrouten bei ästhetischen und ethischen Herausforderungen offen hält.

Wenn die Blätter im Herbst von den Bäumen fallen, sind die Knospen für das kommende Frühjahr schon vorbereitet. So sind auch die Tendenzen, die hier angesprochen wurden, bereits virulent – sie waren in guter Architektur ja nie abwesend. Was wir brauchen, ist eine Periode der *Regeneration*. Regeneration meint in der Architektur nicht, nostalgisch auf alte Formengrammatiken zurückzuschauen. Vielmehr trifft es sich gut, daß uns die technologische Entwicklung des Entwerfens und Bauens keine Zeit zur Nostalgie läßt. Neue Standards der Qualität und ganz neue Szenarien des architektonischen Entwerfens sind am Entstehen, mit denen wir vorurteilslos spielen müssen. Statt uns von den technischen Möglichkeiten gängeln und überwältigen zu lassen, müssen wir ihnen mit den poetischen Strategien einen Schritt voraus sein, damit sie die Frische unserer Sprache verstärken und die Grenzen unserer Empfindlichkeit verschieben.

Regeneration im weiteren Sinn sollte auch die sterile Antithese von Kultur versus Natur überholen, das Echo des jahrhundertealten Geist-Körper-Dualismus. Wenn Natur das ist, was von selbst wächst und sich entwickelt, dann ist Kultur sicher nicht einfach ihr Gegenteil. Kultur ist nichts willkürlich Konstruiertes, sondern das Resultat einer noch nicht sehr gut verstandenen Selbstorganisation. Wir sind ebenso Teil der natürlichen wie der kulturellen Evolution. An beiden partizipieren wir aktiv wie passiv.

Als spontaner, organischer Prozeß der Wiederherstellung ist Regeneration das Beispiel für einen wohltuend selbstorganisierenden Prozeß. Wie jeder schöpferische Vorgang ist sie weder eine mechanische Reproduktion noch etwas, was nach Belieben hergestellt werden kann. Aber sie ist ein Prozeß, der gefördert und beschleunigt werden kann, indem er bewußt wahrgenommen wird und Raum bekommt, sich zu entfalten. In der Zentradition gilt eine Haltung als besonders fruchtbar, die »Geist des Anfängers« genannt wird. Es ist eine Haltung, die im Grunde einfach ist, aber für die meisten von uns nicht so einfach zu erreichen ist. Sie beruht auf einem kindlich offenen, spielerischen Geist, verlangt jedoch ein hohes Maß an Übung, Geduld und Bescheidenheit. Am Anfang eines neuen Jahrhunderts, was wäre da angemessener als dieser »Geist des Anfängers«?

GUNTER SCHÄBLE

Bevölkerung in Ordnung
Abschweifungen von Hans Haackes Installation im Reichstag

Der Konzeptkünstler Hans Haacke, ein durchsetzungsfähiger Mensch und Künstler, hat im vergangenen Jahr mittels einer Installation das Verhältnis zwischen dem Bundestag und uns in Ordnung bringen können. Unsere Bundestagsabgeordneten hatten bis dahin gedacht, wir hier seien das »Volk« und sie machten die Gesetze speziell für uns, weil sie über der Reichstagseingangstür immer die Inschrift DEM DEUTSCHEN VOLKE sehen, wenn sie zu ihren Sitzungen hineingehen. Mit Hilfe eines flachen, aber 20,80 Meter langen Holztrogs, den er in einen Reichstagslichthof gestellt hat und in den Trog die je 1,20 Meter hohen Neonleuchtlettern DER BEVÖLKERUNG mit lichtundurchlässigen Seitenwänden aus wegen der berüchtigten Reichstagslichthofüberschwemmungen witterungsbeständigem, schwarz lackiertem Metall, und mit Hilfe von Erde, die die Abgeordneten in Jutesäcken aus ihren Wahlkreisen mitbringen und dann selbst in den Trog schütten sollten und teilweise auch geschüttet haben –, mit Hilfe dieser Vorkehrungen und Tätigkeiten hat Hans Haacke das Bundestagsabgeordnetenverhalten verbessert, es haben jedenfalls alle gemerkt, was ihnen der Künstler sagen wollte, daß nämlich, wie das Bundestagspressereferat dann mitgeteilt hat, »die Beschlüsse der Bundestagsabgeordneten faktisch die gesamte Bevölkerung ungeachtet ihrer Staatsangehörigkeit betreffen«, die Abgeordneten sehen jetzt immer diese Lichthoflettern und denken daran, bis auf einige.

Hans Haacke ist es im Jahr 1984 ergangen wie dem heiligen Augustinus im Jahr 386; der heilige Augustinus hat 386 in einem Garten in Mailand eine Kinderstimme aus einem Fenster »Tolle, lege!« singen gehört und ist danach vollends Christ geworden und endlich heilig; Hans Haacke hat 1984 auf der Wiese vor dem Reichstag in Berlin – aber das erzählt er am besten selbst: »Zum ersten Mal sah ich das Reichstagsgebäude 1984 bei einem Sonntagsspaziergang im Tiergarten ... Im Gras lagerten Großfamilien. Der Geruch von gegrilltem Lamm hing in der Luft.« Er ist aber, hat er dem Bundestag berichtet, über »etwas anderes« erschrocken gewesen: »Auf dem Architrav des Portikus las ich in riesigen Bronzelettern die Inschrift DEM DEUTSCHEN VOLKE. Für viele der auf der Wiese spielenden Kinder, ihre Eltern und ihre Onkel und Tanten hieß das: dieser Ort ist nicht für euch! Ihr gehört nicht dazu! Ihr bleibt draußen!«

Hans Haacke spricht in diesem Bericht für den Bundestag oder dieser Erlebniserzählung oder diesen, wie er es nennt, »Überlegungen«, dann noch über Wilhelm II. und über den Nationalismus und den Nationalsozialismus und was diese drei aus dem »Volk« gemacht haben und sagt da ungefähr diese nicht ganz falschen und nicht ganz richtigen Sachen über das »Volk«, die wir 1970 auch gesagt und dann leichtfertig wieder gelassen haben, er muß aber sofort ein Gefühl gehabt haben, daß er diesen Zustand zugunsten der Onkel und Tanten im Gras in Ordnung bringen muß, und zwar mit diesem Holztrog und mit den vierzehn Leuchtbuchstaben DER BEVÖLKERUNG und mit Wahlkreiserde, er kommt ziemlich schnell auf Erde zu sprechen, es gibt außer dem Maulwurf und dem Erdferkel, einem Röhrenzähner, der südlich der Sahara zu Hause ist, kein Lebewesen, das erdverbundener wäre als Hans Haacke, aber davon später; vierzehn Jahre danach, 1998, geht ihn dann der Bundestag um ein Kunstwerk für den Reichstag an, und plötzlich kann er das wirklich in Ordnung bringen oder die plötzliche Erkenntnis von damals Tat werden lassen, es muß wie eine Erlösung gewesen sein, wie hat er das so viele Jahre aushalten können, dauernd die Erschrockenheit im Kopf und weit und breit keine Möglichkeit zur Installation, endlich aber doch, im Jahr 2000 und im Reichstag.

Manche Einfälle oder Erkenntnisse oder Erschrockenheiten bestehen aber, obwohl sie von dem, der sie hatte, vierzehn Jahre lang nicht vergessen werden, hauptsächlich aus ein bißchen Ernsthaftigkeit, Gesinnung und Irrtümlichkeit und diesen Sachen, alles an ihnen ist ein bißchen unpassend, aber ordentlich und furchtbar lieb, sie machen einem das Herz schwer und die Gedanken unfroh, alles an ihnen ist einfach und deutlich, man muß mit dem Begreifenwollen gar nicht erst anfangen, ganz in ihrer Tiefe sind sie vielleicht etwas eigenschaftslos oder wesenlos, aber weil der Künstler Haacke ein energischer und beharrlicher Künstler und Mensch ist, erreicht er mit jeder dieser einerseits deutlichen und andererseits etwas eigenschaftslosen Installationen, die seinem Erschrockensein entweder auf dem Fuß oder vierzehn Jahre später folgen, den Umstrittenheitsstatus, so auch mit dieser Installation nach diesem Erlebnis von 1984, die eigentlich keinen Namen hat, DER BEVÖLKERUNG ist mehr die Widmung, der *Spiegel* findet, es ist das »wohl meistumstrittene Kunstwerk der Berliner Republik«; wenn man die Bevölkerung selbst nach DER BEVÖLKERUNG fragt, weiß sie von nichts, es ist auch nicht leicht, sie zu fragen, in welchem Tonfall frägt man jemanden, ob er DER BEVÖLKERUNG kennt, es ist ein bißchen genierlich, und alle sagen erst einmal nein.

Der Bundestag als Auftraggeber ist aber seiner Verpflichtung nachgekommen und hat im Angesicht der drohenden Installation das erforderliche Umstrittensein überzeugend dargestellt, anschließend ist sie zu einer nie wieder wegzudiskutierenden geworden, die die Aussicht verstellt und den nördlichen Reichstagslichthof, der bis dahin sehr schön war, wie manche Plätze schön sind, bevor man auf ihnen ein Holzbildhauersymposion veranstaltet –, die Troginstallation hat diesen nördlichen Reichstagslichthof in einen möblierten Kunstambaureichstagslichthof verwandelt, und gewisse unter den Abgeordneten haben sich zu erdgebundenem Frohsinn hinreißen lassen, auch davon später.

Über Hans Haackes Installation im Reichstagslichthof kann man, obwohl sie einfach ist, viel sagen, man kommt leicht vom Hundertsten ins Tausendste und fängt am besten mit dem Norddeutschen Bund an. Der Norddeutsche Bund entstand 1866 als provisorisches Reich, sein Parlament hieß schon gleich Reichstag, daneben gab es das Preußische Abgeordnetenhaus, das im November 1866 den Antrag auf einen Neubau stellte. Die Sache zog sich hin, wie sich solche Sachen hinziehen, im März 1871 fragte auch der jetzt schon gesamtdeutsche Reichstag die Regierung, für uns ist das seltsam, daß er die Regierung fragte, aber er war noch unselbständig, ob er einen Parlamentsneubau haben könne. Man hatte gerade Frankreich sehr viel Geld abgenommen, von diesem Geld wurden für den Reichstagsneubau 24 Millionen Mark reserviert, der Reichstag legte sie an, 1879 waren es schon 29 Millionen, jedenfalls gab es schon 1871 eine Reichstagsbaukommission, in der auch der Berliner Polizeipräsident saß, wieder merkwürdig, wenn man es von heute aus sieht; erst fand sich kein Bauplatz, dann aber doch; 1882 gab es wieder eine Reichstagsbaukommission, sie tagte zuerst im Reichskanzleramt, wieder eigentlich unmöglich, aber es herrschte eine gewisse Kompetenzverteilungsunsicherheit, bis 1914 wurden dann 31 Millionen Mark verbaut, das verzinste französische Geld und noch zwei Millionen. Auf dem Westgiebel wollten einige schon gleich eine Inschrift, Wilhelm II., der jetzt Kaiser war, war vielleicht etwas dagegen, das hätte nichts gemacht, der Reichstag hätte sich durchsetzen können, er hat sich aber nicht durchsetzen wollen, oft waren das atmosphärische Sachen, diese merkwürdigen Rücksichtnahmen, 1915 war dann die Atmosphäre anders, und 1916 brachte man die Inschrift DEM DEUTSCHEN VOLKE an.

Man hätte einfach »Reichstag« über den Giebel schreiben können, wie man später »Karstadt« über Karstadt geschrieben hat und »Bundesrat« über den Bundesrat, das ging deshalb nicht, weil Bismarck oder die Regierung oder die Monarchie oder, unfreiwillig, die Franzosen dem deutschen Volke den Reichstag ja geschenkt hatten, der Geschenk- und Dankbarkeitscharakter mußte zum Ausdruck gebracht werden, man hat das Geld für die metallene Inschrift reichstagsseits wieder nicht selber aufgebracht, sondern sich dafür von Wilhelm zwei Bronzekanonen schenken lassen, das macht alles unangenehm, skurril unangenehm sozusagen, andererseits hat Peter Behrens die Lettern entworfen, das macht es wieder angenehm, die drei Worte sind das Ergebnis eines konservativ-liberal-duckmäuserisch-aufrechten Durcheinanders, schlimm an ihnen, abgesehen davon, daß sie viel später bei Hans Haacke eine Erschrockenheit bewirkten und noch später eine Installation, ist nur, daß sie wie »Dem lieben Willi« gebaut sind, der Geschenkdativ ist das Unpassende an der Inschrift DEM DEUTSCHEN VOLKE; über der Eingangstür von Karstadt könnte sie an Stelle von »Karstadt« gut stehen, dem deutschen Volke unseren ganzen Krempel, würde sie da sagen, und allen anderen Völkern auch, vorausgesetzt, die Kohle stimmt, das wäre dann auch gleich die multiethnische Komponente. Mein Onkel Jasper F. Volke, der alt war und stolz, ein Deutscher zu sein, fand die Inschrift tadellos, er vermißte seinen Vornamen nicht und wollte sie nicht in Ordnung bringen, im Gegensatz zu später Hans Haacke, der ja auch nicht Volke heißt und 1984 »Ich und die Onkel und Tanten sind nicht gemeint« denken mußte.

Als Onkel Jasper 1970 starb, haben wir gerade zum ersten Mal die unbewältigte Vergangenheit gehabt, und jemand hat in die Diskussionen auch die Wörter »Volk« und »Bevölkerung« geworfen, Hartmut vielleicht, wir haben gleich eingesehen, daß die Nazis das Wort mißbraucht und verschmutzt hatten und wie schimpflich es geworden war und wie vernünftig und demokratisch dagegen das Wort »Bevölkerung« war, wir wollten uns lieber die Zunge abbeißen, bevor wir noch einmal »Volk« sagten, aber weil es so kurz und handlich war, sagten wir dann doch wieder manchmal »Volk«, es war irgendwie minderbelastet, fanden wir dann, da gab es ganz andere: »Schädling«; »Schädling« wird nie wieder gehen, »Volksschädling« auch nicht, »Volk« allein geht, fanden wir.

Und wenn Hans Haacke die Tagebücher von Joseph Goebbels hätte lesen wollen, aber wer will das schon, hätte er danach zusammen mit dem »Volk« gleich auch die »Bevölkerung« in Ordnung bringen müssen, »Bevölkerung« ist eine von Goebbels' Lieblingsvokabeln, er sagt fünfmal »Bevölkerung«, bevor er einmal »Volk« sagt, im März 1945 schreibt er, daß er »die Stimmung in der Bevölkerung stark abgesunken« findet, und außerdem hat die »Moral unserer Bevölkerung im Westen ... außerordentlich gelitten«, und man kann jetzt bei ihr »nur noch etwas mit brutalen Maßnahmen erreichen«, eventuell mit Erschießung, beim »Volk« aber genau das gleiche: »Lethargie«, schreibt Goebbels, »im ganzen deutschen Volk, die fast in Hoffnungslosigkeit ausartet«, er macht zwischen »Bevölkerung« und »Volk« noch nicht einmal den Unterschied, den die Wiener zwischen »Kartoffel« und »Erdapfel« machen, indem sie den unangenehmen Kartoffelkäfer nach der unangenehm deutsch klingenden Kartoffel nennen und den angenehmen »Erdäpfelsalat« nach dem angenehm österreichisch klingenden Erdapfel, bei Goebbels dagegen sind die »Bevölkerung« und das »Volk« Anfang 1945 gleich tief abgesunken, man weiß, wenn man ihn liest, gar nicht, was von beiden er stärker verschmutzt hat und also auch nicht, was man zuerst in Ordnung bringen soll, am besten vielleicht wirklich keines von beiden, aber Konzeptkünstler denken da anders.

Wir haben damals auch immer mißbilligend diesen Balzac-Satz »Wenn die Meinung schon kein Talent spendet, so zerstört sie es doch wenigstens stets« zitiert, wir waren fassungslos über so viel Borniertheit und wollten Balzac nur dann weiterhin für einen großen Gesellschaftsdiagnostiker halten, wenn wir solche Sätze ihm zuliebe schnell vergaßen. Aber als dann das »Volk« wieder aufkam, wurde auch der Balzac-Satz wieder besser, er hat die ganzen Jahre über nur darauf gewartet, auf Hans Haackes Berliner Reichstagslichthofinstallation DER BEVÖLKERUNG zu passen. Wir sind heute unangenehm gleichgültig und unpolitisch und zucken schon bei einem so gerechten Satz wie dem von Diedrich Diederichsen neulich zusammen, man wird schon ganz traurig, während man ihn abschreibt: »Wenn etwas von '68 zu bleiben verdient, und zwar als Grundbaustein jeder Demokratie, dann diese Nicht-Ironie in bezug auf die Verbindung von Kultur und Politik.«

Im Konzeptkünstler, der die Parlamente in Ordnung bringt, bleibt die Nicht-Ironie bestehen. Wir wollen, in unserer Eigenschaft als Volk, nicht mehr viel in Ordnung bringen, aber Hans Haacke hat die Nicht-Ironie und dazu die Perseveration, Jochen Gerz hat sie zum Beispiel auch, Klaus Staeck und Ulrich Krempel, ein bekannter Museumsdirektor, haben sie ebenfalls. Hans Haackes Nicht-Ironie ist gerade in bezug auf die Verbindung von Kultur und Politik beeindruckend, man muß vielleicht alles nicht-ironisch nehmen, wenn man als Inordnungbringer arbeitet, es folgt eine von Grace Glueck zusammengestellte Liste der Sachen, die Hans Haacke schon ganz oder teilweise in Ordnung gebracht hat, Grace Glueck ist eine amerikanische Konzeptartjournalistin, sie sagt, daß Hans Haacke »viele Ziele im Visier« habe, ihre Liste mit diesen Zielen reicht bis 1993 und geht so: »Mobil Oil, die Chase Manhattan Bank, Allied Chemical, British Leyland, Philips, Alcoa, American Cynamid, Philip Morris, der deutsche Schokoladenfabrikant Peter Ludwig, das schweizerische Industrieunternehmen Oerikon-Bührle, Ronald Reagan, George Bush, der rechte US-Senator Jesse Helms, Margaret Thatcher und das weltweit operierende Werbeimperium Saatchi & Saatchi, das die beiden Wahlkampagnen von Frau Thatcher führte.« Nach 1993 sind Hans Haacke dann immer noch neue Ziele ins Visier gekommen, endlich auch der Bundestag im Reichstag mit seiner falschen Inschrift, die Arbeit reißt nicht ab.

Wenn man ein üblicher beeinflußbarer Mensch ist und ein Blatt im Wind, kann man sich leicht einreden, daß zum Beispiel einer, der nach der Erfindung der Perspektive noch wie der große Giotto gemalt hätte, nur seltsame Sachen gemalt und keinen Auftraggeber gefunden haben würde, und wenn einer heute ein Stück wie den *Gesang vom Lusitanischen Popanz* schreiben wollte, er könnte es nicht, und wie würde man heute gegen Springer oder gegen die heutigen Springer kämpfen, wenn man überhaupt noch wüßte, warum und sich für einen Adressaten entscheiden könnte, vielleicht einen aus der Biotechnologie oder Gentechnologie oder vom Ostergrasherstellerfachverband; wenn die Zeit weitergeht und die Künstler bleiben stehen und nehmen keine Notiz davon, ist das irgendwie sehr ehrenwert und tapfer und standhaft von den Künstlern, gleichzeitig ist es etwas beweinenswert, man sieht sie gewissermaßen immer noch gegen die Schlotbarone kämpfen und merkt den Inordnungbringern an, daß sie schon immer Durchschauer von Machtverhältnissen waren und die Machtverhältnisse gewissermaßen gewohnheitsmäßig immer noch auf die gleiche Art durchschauen wie früher, Hans Haacke muß den Begriff »Volk« mit dem Begriff »Bevölkerung« bekämpfen, er geht nicht, wie wir, nach der Mode, außer ihm ist kaum noch wer so sicher, und es schert die Leute noch nicht einmal, es gibt aber bei denen, die sich sicher sind, noch Ulrich Krempel, den Direktor des Sprengel-Museums in Hannover, wenn Ulrich Krempel über Hans Haacke schreibt, dann ist die Nicht-Ironie auch wieder da und die Beziehung von Kunst und Politik gestört, Gestörtheit ist wichtig für die Konzeptkunst, man kann nur Gestörtes in Ordnung bringen, die Politik stört, die Konzeptkunst bringt in Ordnung, das politische »konservative Lager« führt, sagt Krempel nicht-ironisch, eine »Kampagne« gegen Hans Haacke, es hat eine »Kampfansage gegen den Künstler« auf seinem Programm und setzt »massive Kritik und Denunziation« ein, es betätigen sich »kunstfremde, aber mächtige Politiker«, sagt Ulrich Krempel, man muß daraus schließen, daß der Revisionismus wieder frech sein Haupt erhebt und die Kunsthosen oder die Maske fallen läßt, und natürlich beteiligt sich die *FAZ*, das hat Ulrich Krempel längst gewußt, für ihn ist das eine Verschwörung gegen Hans Haacke und gegen die Kunstfreiheit, es klingt verschwörungsversiert und etwas geisterhaft, die Gegenseite ist nicht weniger versiert, was das Erkennen von Machenschaften und Verschwörungen angeht, eine Wochenzeitung wie die *Zeit* kennt natürlich die, wie sie sich ausdrückt, »kulturpolitisch mächtigen und bestens vernetzten Freunde« Hans Haackes, vielleicht meint sie Ulrich Krempel.

Welches die ganz korrekte Bezeichnung ist für die Tätigkeit des Konzeptkünstlers, weiß man nicht, Grace Glueck sagt, es sei ein »Aufwerfen von Fragen«; der Maulwurf betreibt das Aufwerfen von Erde und der Konzeptkünstler das Aufwerfen von Fragen, Hans Haacke das Aufwerfen von Fragen *und* von Erde; »von seinem Aufenthalte«, sagt Alfred Brehm über den Maulwurf, »gibt er selbst bald die sicherste Kunde, da er beständig neue Hügel aufwerfen muß«. Der Maulwurf hat den Landwirt zum Feind, der Konzeptkünstler die Konzerne und die Politik, die gegen ihn Verschwörungen anzetteln; aber wie immer man die Arbeit Hans Haackes beschreibt: Wenn er sich nicht selbst Künstler nennte, und das haben wir von 1968 her nun doch behalten, daß, wenn sich jemand Künstler nennt, dann nennen wir ihn ebenfalls Künstler –, wenn sich Hans Haacke nicht selbst Künstler nennte, könnte man ihn direkt einen Journalisten oder einen Kritiker nennen, denn Niklas Luhmann sagt: »Ein Kritiker gibt zu erkennen, daß er weiß, woran es fehlt« und was er in Ordnung gebracht sehen will. Journalisten halten sich an schon vorhandene Sachen, zum Beispiel Texte, und bringen sie in Ordnung, die Kundschaft kennt die Texte ebenfalls und hält sie für in Ordnung, wie sie DEM DEUTSCHEN VOLKE für fast in Ordnung gehalten hat, bis die Journalisten sie in Ordnung bringen, oft schon mit einer Überschrift, sie berichten über einen Mörder und schreiben über den Bericht »Wie grausam ist dies Händchen«, das von jedermann gekannte Originalzitat wird dadurch komisch, es kann nichts dafür, es verleiht seine etwas zu große Einprägsamkeit und Bekanntheit an die Journalisten, diese können mit der Leihgabe einiges bewirken, oder sie berichten, nur angenommen, über die Bevölkerung, die sich im Reichstag Hans Haackes Installation DER BEVÖLKERUNG anschaut und schreiben über den Bericht die Überschrift »Die Touristen in der Reichstagskuppel ratlos« und sagen damit alles, was sie sagen wollten, oder der Konzeptkünstler Rémy Zaugg fräst in das Neue Museum für Kunst und Design in Nürnberg »Ein Haus, ein Wort, eine Bibliothek«, das ist journalistisch in Einfall und Ausführung, früher haben die Leute »Ein Volk, ein Reich, ein Führer« sagen müssen, und es ist ihnen dumpf dabei zumute gewesen, heute ist der Konzeptkünstler keck und politisch und sichert sich seinen Anteil an dem Slogan, zu Entlarvungszwecken, jeder kennt die Vorgängervokabeln und denkt bei sich: erhellend das, schlaglichtartig, auf irgend etwas fällt da ein grelles und enthüllendes Licht, wahrscheinlich auf die Nazizeit oder auf die Gegenwart oder auf alle beide.

Auch mit Sachen kann man als Konzeptkünstler journalistisch verfahren; in Graz haben die Nazis 1938 gleich nach dem »Anschluß« einen Obelisken aufgestellt, keinen echten, einen aus rotem Stoff, mit Naziadler und mit einer dieser Schalen, aus denen man es oben düster lodern und qualmen lassen konnte, und mit der Aufschrift »Und ihr habt doch gesiegt«; 1988 hat Hans Haacke wieder so einen Stoffobelisken in Graz aufgestellt, zum Verwechseln ähnlich dem von 1938, auch wieder mit dieser Schale und mit »Und ihr habt doch gesiegt«, aber außerdem natürlich mit Zahlen der Menschen, die die Nazis in der Steiermark umgebracht haben, das war das völlig andere, er hat alles von den Nazis oder von deren Original übernommen und es dann durch eine kleine Änderung, die man aus der Entfernung gar nicht wahrgenommen hat, einfach genial ins Gegenteil verkehrt, es haben auch alle gemerkt, da, in Graz, daß das antifaschistisch gemeint war, die Leute merken immer, was Hans Haacke vorhat, und ein junger Neonazi, der von einem alten Neonazi angestiftet war, hat den Obelisken nachts angezündet, ein »Attentat«, sagt Haacke, es hat danach eine Schweige-Performance gegeben.

Über die Inschrift DEM DEUTSCHEN VOLKE weiß jeder Bundestagsabgeordnete genauso gut Bescheid wie jeder Grazer über die steirischen Nazis, wenn er dann plötzlich im nördlichen Reichstagslichthof DER BEVÖLKERUNG liest, stutzt er kreativ, er sieht, der Künstler hat sogar die Schrifttype von der Inschrift draußen am Giebel kopiert und auch den Geschenkkartoninschriftencharakter übernommen, damit man es desto besser merkt, und der Bundestagsabgeordnete denkt sich auch hierzu etwas, man weiß nicht genau, was; Hans Haacke findet allerdings, daß nur »Ästheten« seine Sachen journalistisch nennen und daß diese »Ästheten« übersehen, daß seine Arbeit von den »Machthabern«, sagt er, »nicht sonderlich geschätzt wird«, wir sind keine Ästheten und nennen seine Sachen nicht weiterhin journalistisch, weil er als Journalist von den »Machthabern« geschätzt würde, das wollen wir nicht, von den SPD-Bundestagsabgeordneten wird er ohnehin schon geschätzt.

Das »Aufwerfen von Fragen«, sagt Grace Glueck, um kurz auf sie zurückzukommen, ist »eine Tätigkeit höchsten Ranges«. Als der Bundestag über Hans Haackes Installation debattierte, haben die SPD-Abgeordneten weitergehende Formulierungsangebote gemacht, die SPD-Mitglieder gehorchen, wie die Grünen und die FDP und auch die PDS, in der Konzeptkunst der Zustimmungspflicht, und immer, wenn sie sagen, daß sie sich herausgefordert fühlen, meinen sie, sie sind einverstanden, seit Grass und Böll und Walser und die Intellektuellen für Willy Brandt waren, ist in der SPD das Herauslassen der Sau auf die Kunst und die Konzeptkunst out. Die SPD-Fraktion ist außerdem gewarnt gewesen, Klaus Staeck hat ihr einen »freundlich offenen Brief« geschrieben und den Fraktionsmitgliedern mitgeteilt, daß er sehr befremdet sein würde, wenn sie die »Kunstauffassung«, so seine Vokabel, seines »weltweit geachteten Kollegen Hans Haacke« geringschätzen sollten, in der Debatte und bei der Abstimmung haben sie sie dann auch nicht gering, sondern hoch geschätzt.

Die Zeitschrift *Auto Bild* hat von dem Kleinwagen »smart« gesagt, daß er ein »Denkanstoß« sei, Gert Weisskirchen von der SPD hat im Bundestag ebenfalls von einem Denkanstoß gesprochen, und daß das Werk des Künstlers stören und aufbrechen darf, es wirke wie eine Zumutung, aber wir müssen solche Zumutungen ermöglichen und anerkennen und uns stellen, Gert Weisskirchen würde, hat er von sich selbst gesagt, nicht wach und lebendig bleiben und auch seine Positionen nicht überdenken können ohne das Vorkommen von kritischen Künstlern; Franziska Eichstädt-Bohlig, Bündnis 90/Die Grünen, hat sich zu einer wechselvollen Spannungsbeziehung herausgefordert gefühlt, und ein Abgeordneter hat auch einen Spannungsbogen gesehen, ich weiß nicht mehr, von welcher Fraktion, es haben, um die Wahrheit zu sagen, mehrere Abgeordnete einen Spannungsbogen gesehen, und man hat gemerkt, daß alle diese Abgeordneten Menschen sind, die im Feuilleton die Sachen über Kunst lesen und sich nicht erlauben, Spannungsbögen gering zu achten.

Man nennt die Tätigkeit des Konzeptkünstler also, wenn man das will, ein Inordnungbringen oder ein Fragenaufwerfen oder ein Bewirken oder ein Zumuten oder ein Herausfordern oder Provozieren, manchmal findet Hans Haacke, daß er provoziert, manchmal nicht; einer, der provoziert, ist ein Provokant, ein unübliches Wort, der, den er provoziert oder herausfordert, ist, noch unüblicher, ein Provokat, der Fremdwörterduden führt den Provokaten nicht; ein Provokant macht ohne einen Provokaten nicht viel her, auch Hans Haacke muß es lieber sein, wenn er jemanden hat, der nicht gleich alles einsieht, sondern einen Wutanfall hat, es muß nicht gleich ein Attentäter sein, in der SPD-Fraktion herrscht ein so starkes Bedürfnis, jeden Fragenaufwurf als ein Geschenk zu nehmen, daß sie für eine solche Partnerschaft nicht in Frage kommt; die CDU und die CSU sind aber die Parteien geblieben, bei denen man als Künstler keine offenen Türen einrennen muß, in der CDU und der CSU weiß man noch, daß man sich vor Provokationen oder Sachen, die man als Provokation erlebt, nicht gelehrig benimmt, sondern provoziert, alles andere wäre stillos, und über Zumutungen ist man nicht dankbar, sondern empört.

Wollten wir im Zumuter einen Maulwurf sehen und in den CDU/CSU-Mitgliedern Würmer, was aber nicht angeht, so wäre es um das Zumuter-Politiker-Verhältnis nach Alfred Brehm so bestellt: »Die Würmer wissen, daß sie am Maulwurf einen Feind haben. Sobald sie die Bewegung verspüren, kommen sie von allen Seiten eilfertig aus der Erde hervor und versuchen, auf die Oberfläche sich zu retten, ganz offenbar, weil sie glauben, daß die Erschütterung von einem wühlenden Maulwurf herrühre.« An dem Bild stimmt alles bis auf den defensiven Charakter, den die Würmer beweisen, bei den CDU/CSU-Leuten herrscht dagegen, rein zumutungsmäßig, ein Löwenmut.

Zwischen dem Konzeptkünstler als dem Inordnungbringer (Provokanten) und der Öffentlichkeit als der in Ordnung zu bringenden (Provokatin) findet eine Art Duell statt, ein Duell hat früher damit angefangen, daß sich einer beleidigt fühlte, zum Beispiel tritt im ersten Akt des Schauspiels *Liebelei* von Schnitzler eine sich beleidigt fühlende Figur auf, »Der Herr«; der »Herr« hat herausgefunden, daß der nicht verheiratete Fritz Lobheimer ihn mit seiner Frau betrügt, er fordert ihn beleidigt zum Duell (heraus), er sagt nicht, daß er und Fritz Lobheimer eine spannungsvolle Wechselbeziehung haben werden, sondern er wirft Fritz Lobheimer dessen Liebesbriefe vor die Füße und schaut »fast wild«, für Fritz Lobheimer ist sofort klar, daß der »Herr« ihn herausfordert oder provoziert, er hat dafür einen Satz, er muß ihn bei einer solchen Gelegenheit sagen, alle Fritz Lobheimers sagen diesen Satz in den Erzählungen des 19. Jahrhunderts immerzu: »Ich stehe zu Ihrer Verfügung.« Der »Herr« ist der Provokant, Fritz ist der Provokat, sie werden ein Duell haben, sie sind beide gleichrangig und satisfaktionsfähig, Gruschnitzky und Petschorin waren es, und Hans Haacke und die CDU/CSU-Fraktion sind es, Duellanten sind satisfaktionsfähig.

Ein Konzeptkünstler wie Hans Haacke fühlt sich, wie früher der »Herr« von seiner Frau und Fritz Lobheimer, von Politik und Wirtschaft beleidigt, man sieht es schon an Grace Gluecks Liste seiner Gegner, zum Beispiel fühlt er sich auch schon dadurch beleidigt, daß bestimmte Firmen, die als Sponsoren auftreten, das Geld für Zwecke ausgeben, die, sagt er, »nichts mit der Liebe zur Kunst zu tun haben«, das scheint er ungefähr so zu empfinden, wie der »Herr« die Untreue seiner Gattin empfunden hat, und daß ihn diese Reichstagsinschrift DEM DEUTSCHEN VOLKE erschreckt und beleidigt hat, hat er ja selbst erzählt, er hat sofort oder nach vierzehn Jahren die Rolle des Provokanten übernommen und den Bundestag gefordert oder herausgefordert, indem er ihm seinen Installationsplan vor die Füße geworfen hat; die CDU/CSU hat ohne Zögern die Fritz-Lobheimer-Rolle und damit den Provokaten übernommen und hat, wie ein tapferer Wurm zum Maulwurf, gesagt: »Ich stehe zur Verfügung.« Man hat sich nicht auf Pistolen geeinigt, sondern auf gegenseitige Invektiven und Überreaktionen, nach dem Duell ist früher einer tot gewesen, heute installiert man eine Installation, und man hat bei dem Duell auch auf Sekundanten verzichtet, es sei denn, man will in Ulrich Krempel einen Sekundanten Hans Haackes sehen, oder in Klaus Staeck, und in der *FAZ* eine Sekundantin der CDU/CSU, das ist Hans Haackes Eindruck von der *FAZ*.

In Wirklichkeit, das aber vorsichtig in Parenthese gesagt, hat sich Hans Haacke vielleicht von der Inschrift DEM DEUTSCHEN VOLKE womöglich und insgeheim gar nicht so erschreckt und beleidigt gefühlt, und er hat auch dessen Vertreter vielleicht nicht herausgefordert oder provoziert, man kann das vielleicht nicht aufrechterhalten, Hans Haacke ist im Reichstagslichthof vielleicht gar nicht als Aufwerfer und Zumuter aufgetreten, sondern nur als Ergänzer, als Aufwerfer hätte er vorgeschlagen, daß er DEM DEUTSCHEN VOLKE vom Reichstagsgiebel herunterreißt und durch »Der Deutschen Bischofskonferenz« ersetzt, er hätte den Auftrag nicht bekommen, er ist aber als Ergänzer willkommen gewesen, jedenfalls der SPD, und der Bundestag hat mitgeteilt, er sieht in den Lichthofbuchstaben DER BEVÖLKERUNG »keine Distanzierung« vom DEM DEUTSCHEN VOLKE, und Hans Haacke hat gesagt, daß er seine »Bevölkerung« nur als »Ergänzung« versteht und daß er sie dem Volke »zur Seite« stellt, er ist vielleicht, wie schon anfangs vorläufig vermutet, ein ganz lieber Aufwerfer und Ergänzungsgeschenktrogschenker, im Gegensatz zum Maulwurf, von dem Alfred Brehm sagt: »Er ist wild, außerordentlich wütend und lebt eigentlich mit keinem einzigen Geschöpf in Frieden«, Hans Haackes Installation hat dagegen bei aller Wesenlosigkeit etwas sehr Friedfertiges und das Gemeinwesen im Auge Habendes und zutiefst Kompromißbereites, man findet das selten bei Künstlern und Konzeptkünstlern.

Aus strategischen Gründen hat die CDU/CSU-Fraktion trotzdem so getan, als habe Hans Haacke sie provoziert und aufgeworfen, es wäre sonst nicht zu dem Duell und zu der erforderlichen Umstrittenheit gekommen. Die Natur sieht Menschen vor, die den Verbesserungs- und Konzeptkünstlern das Leben schwer machen, sie schärft damit den beiderseitigen Kampfesmut, und es gewinnt am Ende der stärkste Konzeptkünstler. Die CDU/CSU-Fraktion hat als erstes gesagt, sie fühle sich provoziert, und sie hat Hans Haacke einfach zurückbeleidigt – Zumutung und Zurückmutung –, Hans Haacke hat sie im Gegenzug »blödsinnig« genannt, und die *FAZ*, die vielleicht eine CDU-Sekundantin ist, hat seine Ideen in der »übelsten Weise« verdreht. Dann war Anfang April letzten Jahres die Bundestagsdebatte, da hat Volker Kauder von der CDU/CSU-Fraktion gesagt, daß Hans Haacke sein Kunstwerk überall in Berlin aufstellen kann, nur nicht im Reichstag, und er findet, das sei eine Art Publikumsbeschimpfung, Hans Haackes Installation sei »nichts Originelles«, Volker Kauder würde etwas Originelles sofort erkennen, Hans Haacke will ihn nur einschüchtern, er läßt sich aber nicht einschüchtern, er läßt auch nicht zu, daß Hans Haacke Deutschland auf den Nationalsozialismus reduziert, Volker Kauder läßt sich überhaupt sein Volk von Haacke nicht nehmen, und Erwin Marschewski von der CDU/CSU hat noch, wenn ihn der *Spiegel* richtig zitiert, aber man kann das nicht gut unrichtig zitieren, gesagt, daß es sich um »Unfug« und »Verarscherei« und »Scharlatanerie« handelt, er hat die idealen Vokabeln aller Provozierten parat gehabt, so lange hat keiner mehr auf »Scharlatanerie« zurückgegriffen! Die Provokaten sind dem Provokanten duellmäßig gewachsen gewesen, zwischen Hans Haacke und der CDU/CSU-Fraktion haben Satisfaktionsfähigkeit und Ebenbürtigkeit geherrscht, die herausfordernden und Fragen aufwerfenden Konzeptkünstler und die von ihnen herausgeforderten Kauder und Marschewski sind die natürlichen Duellpartner.

Was endlich Hans Haackes Erdverbundenheit anlangt, so haben einige versuchsweise behauptet, die Nazis hätten auch schon gern Erde von überall her, aus ihren Gauen damals, auf einen passenden Platz zusammengetragen, und es ist eine kleine Diskussion darüber gewesen, ob die Reichstagslichthofinstallation ein bißchen nazilike sei, und einigen Bundestagsabgeordneten war bei der Beratung unwohl wegen dieser Erde, man weiß aber, obwohl man von den Nazis fast alles weiß, über diesen Punkt wenig, sie haben gewiß eine intensive Beziehung zu Erde gehabt, sie sagten meistens Boden, sie haben sich später gern in jeden Quadratmeter gekrallt, aber Erdtransporte extra zu Ergriffenheitszwecken und zum Feierlichsein haben sie entweder kaum gekannt, oder das ist mangelhaft dokumentiert, selbst von dem einen etwas bekannteren weiß man fast nur vom Hörensagen, danach hat der Reichsführer-SS Himmler entweder 1936 oder 1940, eher 1940, Erde aus diesen Gauen nach Quedlinburg an das leere Grab Heinrichs I. schaffen lassen, 1936 war der tausendste Todestag Heinrichs I., die Zeitschrift *Germanien. Monatshefte für Germanenkunde zur Erkenntnis deutschen Wesens. Offizielles Organ des Deutschen Ahnenerbes E.V., Vorsitzender des Kuratoriums: Reichsführer SS Heinrich Himmler* hat die Festrede des Kuratoriumsvorsitzenden abgedruckt, aber keine Erde erwähnt, und 1940 hat sie nicht einmal eine Rede gedruckt, die Zeitschrift *Odal. Monatsschrift für Blut und Boden* hat 1936 einen bemerkenswerten Artikel über den »Schweinemord 1915« von Otto Bratengeyer gebracht, aber zur Quedlinburger Angelegenheit nur Querverweise auf das eher zuständige *Germanien* und 1940 nichts; Herr Werner Bley, der Diakon der Stiftskirche St. Servatii in Quedlinburg, sagt aber, die Erde ist damals ohne Zweifel herangebracht worden, aus den deutschen Gauen, »und aus den besetzten Gebieten«, wie es, sagt er, geheißen habe, und hat in Urnen herumgestanden, da ist man sich in Quedlinburg sicher, gesichertes Hörensagen, Herr Bley sagt, sonst gebe es ohnehin niemanden, der mehr darüber wisse als er, die Erde ist auch schon lang wieder weg aus Quedlinburg; Dickens, der alles wußte und trotzdem eine Vermutung manchmal noch mit einer Feststellung zementierte, hätte gesagt, man nimmt an, daß die anderen nichts von der Sache wissen, und sie wissen auch tatsächlich nichts davon.

Der erwähnte Himmler hat aber 1935 bei Verden in Niedersachsen einen sogenannten Ehrenhain angelegt, mit Findlingen oder Steinen, die er aus niedersächsischen Dörfern zusammenholen hat lassen, ein Professor Karl Astel, Präsident des Thüringischen Landesamtes für Rassewesen, ist unter den Besuchern dieser, er nannte das so, vielleicht war es die offizielle Bezeichnung, »Blutwiese« gewesen und hat sich »vor Ergriffenheit einen halben Sack voll Erde von dort nach Hause genommen«, also Himmler hat überall die Steine gesammelt und nach Verden verbracht, und Präsident Astel hat sich eine Portion von der Erde geholt, die um die Steine herum war, und demnach weniger zusammen- als vielmehr fortgetragen, ganz andere Verhältnisse als bei Hans Haackes Erdprojekt; woraus Präsident Astels Sack war, läßt sich nicht mehr feststellen, die Leute sagten damals immer »Rupfen«, »Rupfensack«, vielleicht meinten sie damit Jute, Hans Haackes Installationssäcke sind jedenfalls aus Jute.

Hans Haacke sagt, daß er »äußerst allergisch auf alle dem Nationalsozialismus verwandten Regungen« reagiert, von den Regungen von Präsident Astel damals in Verden weiß er vielleicht nichts, man kann auch so erd- und steinverbunden sein, vielleicht kann man es sogar als Antifaschist, für Volker Kauder ist Hans Haacke ein eingefleischter Antifaschist; 1973 hat Hans Haacke in Düsseldorf eine Erdaufschüttung für ein neues Justizministerium nicht realisiert, er sah damals eine größere Fläche vor, die er mit Erde aufschütten würde, auf ihr hätte niemand etwas angepflanzt, trotzdem wäre etwas gewachsen, wie jetzt in Berlin etwas wächst in der Wahlkreislichthoferde, man läßt so eine Idee nicht verkommen; 1989, schon in der Zeit seines Erschrockenseins, hat er für den Hof des französischen Parlaments sowohl Erde als auch Steine empfohlen, die Erde hätte, ausgebreitet, den Umriß von Frankreich gehabt, und manchmal wäre wie in Düsseldorf Unkraut gewachsen, die Steine hätten die Abgeordneten aus ihren Wahlkreisen herbeibringen sollen, jeder einen, eine Inschrift hätte den Abgeordneten gesagt, daß Frankreich »eine Gesellschaft vieler Rassen und Kulturen« ist, auch auf diese Idee hat Hans Haacke dann später nicht verzichten müssen, das französische Parlament hätte profitieren können, es hat nicht wollen, jetzt hat das deutsche profitiert, ohne Steine, in dem Paper mit seinen Überlegungen zu seiner Reichstagsinstallation sagt er, daß das Zusammentragen der Erde aus den Wahlkreisen, einmal sagt er auch, aus den »Regionen«, da könnte er schon auch Gaue sagen, eine »antipartikularistische, Gemeinsamkeit und Gleichheit bekräftigende symbolische Handlung« sei, man kann sagen, das Zusammentragen von Steinen nach Verden 1935 und von Erde nach Quedlinburg 1936 oder 1940 war auch eine irgendwie antipartikularistische, Gemeinsamkeit bekräftigende symbolische Handlung, man muß es aber nicht sagen.

Wenn also Hans Haackes Installation vielleicht einen nationalen Einschlag hat, dann natürlich einen aus Versehen, wahrscheinlicher ist, daß sie gar keinen Einschlag hat und, wie auch schon gesagt, eher ein wenig wesenlos ist wie sehr verspätete Installationen zu sein pflegen; die zwei Sachen, Buchstaben und Erde, sind da und auch schon wieder fern, zur bundesrepublikanischen Emblematik gehört das Herum- und Zusammentragen von Erde bisher nicht, außer dem Haackeschen sind nur zwei Fälle bekannt geworden; wenn seine Abgeordneten- und Wahlkreiserde aber nicht national und nicht sonstwas oder gar nichts ist, so wird sie durch die Begleitanordnungen, nämlich die Jutesäckchen für Abgeordnete, die zum Erdeapportieren bereit sind, und das Hark- und Jätverbot und das gewünschte Wachsen des Unkrauts doch wenigstens biokitschig, wie hat Antje Vollmer das so rasch erkannt, nicht daß Erdhäufchen und Bevölkerungsbuchstaben in irgendeiner Beziehung stünden, sie stehen zueinander wie ein Hundeschonbezug und ein Kontoauszug oder wie ein Freilandhuhn und ein gepuderter Untersuchungshandschuh, reizvolle und fast auratische Sachen und Lebewesen das, verglichen mit der Erde und den Buchstaben, man schafft eine solche Unbeziehung zwischen zwei Installationsbestandteilen nur, wenn man ein Händchen dafür hat.

Die Bevölkerungstrogleuchtbuchstaben sind ihrerseits doppelt so groß wie die Volksbuchstaben draußen am Giebel, die sie imitieren und die Hans Haacke 1984 »riesig« vorgekommen sind, man würde sie gigantisch oder gigantoman nennen, aber man hat schon das Parteitagsgelände in Nürnberg gigantoman genannt, und ihr nach oben strahlendes Neonlicht erinnert nicht entfernt an einen Lichtdom von Albert Speer, und damit genug und zum Zweitschlimmsten, das sind die halb freiwilligen Sack- und Schüttaktionen der von Hans Haacke zum Partizipieren angehaltenen Abgeordneten gewesen, diese haben alle etwas ungemein Frohgemutes und Ungebleichtes und schreiend Natürliches angenommen während ihrer Selbstverpflichtung zur Wahlkreiserdeanlieferung und sind gehüpft vor heiterem Demokratieverständnis und haben das andere und ganz unpathetische und spaßige und entspannte und bessere Deutschland furchtbar repräsentiert, und jede Sackfüllung daheim im Wahlkreis und Sackentleerung in den Reichstagstrog ist wie eine schweißtreibende Nazianstrichvermeidungsanstrengung gewesen; sie haben in der Pfalz gegraben, und die Zeitung *Rheinpfalz* hat berichtet, daß man »Erde vom Asselstein, Staub vom Ort der niedergebrannten Synagoge in Landau, Humus von einem Eichenbestand im Bienwald und eine Schippe voll Riesling-Erde aus dem Lehrwingert bei Ilbesheim« gesammelt hat; in Mainz hat man, man wird es der *Mainzer Rhein-Zeitung* glauben, niemand erfindet so etwas, »Straßenbelag, Fachwerklehm und heilige Erde aus der Römerzeit, etwas Gebrösel aus der keltischen Epoche, Erde aus einem Klostergarten zur Zeit des Mittelalters und Abrißschutt aus der Mainzer Nachkriegsära« zunächst nach der SPD-Geschäftsstelle geschafft, diese hat offenbar als Sammelstelle gedient, man weiß ja aber, wohin es von dort gegangen ist mit dem Gebrösel, der *Weser Kurier* hat von der Fußreise eines Wurms berichtet, »Worpsweder Regenwurm geht nach Berlin. FDP-Abgeordnete sammelte im Kunstort Erde für Haacke-Trog«, und die *Dill-Zeitung* hat die Überschrift gehabt: »Erika Lotz schüttete einen Zentner Erde aus fünfundzwanzig Gemeinden ihres Wahlkreises in den Reichstag: Leuner Chor gab als erster Chor Deutschlands im Lichthof ein Ständchen«; die absolut überregionale *Welt* hat gewußt, daß die »Initiative Kinder brauchen Frieden«, die nicht im Bundestag vertreten ist, aber vielleicht war sie gerade für die Abgeordnete Däubler-Gmelin tätig, Erde aus Kroatien, dem Kongo und Ruanda beigesteuert hat, obwohl diese Gebiete zur Zeit nicht besetzt sind, alle haben sich demokratisch und antifaschistisch und dabei enorm antipartikularistisch benommen, die Synagoge hätte nie ihren Staub hergeben können, wenn man sie nicht ein paar Jahre zuvor niedergebrannt hätte, und verträgt sich jetzt in Hans Haackes Trog mit der Riesling-Erde bei Ilbesheim, es war überhaupt wie im alternativen Kinderhort auf dem evangelischen Kirchentag von unten, sie haben alle das gleiche getan wie damals Karl Astel, aber sie haben sich als originelle, konstruktive und demokratische Spaßvögel gefühlt und aufgeführt, was fällt ihnen ein, so humorig zu sein, daß man gar nicht mehr mitkommt, man will doch sein Parlament nicht als eine Pfarrgemeindekindergruppe.

Auf den Erdhäufchen werden aber die Verfolgten und Entrechteten und Vietnamesen des Pflanzenreiches wachsen, das Hirtentäschelkraut vielleicht und die beklagenswerte Ackerschmalwand, der Spitzwegerich und seine Schwestern und Brüder, und keiner wird da jäten, es zeigen einen heute ja schon die Kleingärtner an, wenn man ihren Kleingarten gepflegt nennt, und stellen Wachen auf für die entrechtete Natur und ihre Häufchen; im Fernsehen, als gerade wieder einige Abgeordnete antipartikularistisch gebrösel haben, nur Heiner Geißler hatte freiwillig einen Stein mitgebracht, hat man im Hintergrund einen unauffälligen Mann gesehen, der mit einem Besen die Erde oben von den Buchstaben gefegt hat, damit sie wieder in den Himmel strahlen konnten, es war nicht der Gärtner, der Bundestag beschäftigt keinen Gärtner, man kann wenig von ihm erhoffen, aber vielleicht ist unter den Nichtschüttern ein heimlich schrebergärtnerischer Abgeordneter, nur einer, und dieser eine beschaffte sich vielleicht aus dem Quelle-Spezial-Katalog »Heimwerken und Garten« das Kleingeräteset zu 34,95 DM, Blumenkelle,

Kleinrechen, Doppelhäckchen, Grubber und Kleinfeger, er schliche sich im Frühjahr oder Sommer, denn im Winter bedeckt manchmal Schnee die Häufchen, in den nächtlich verwaisten Lichthof, in dem um diese Zeit keine Ständchen erklingen, und rechte dort und hackte und grubbte und fegte beim Neonschimmer DER BEVÖLKERUNG, was die Kollegen angehäuft haben, ich hofft' es, ich verdient' es nicht.

Es haben aber etliche Abgeordnete keine Wahlkreiserde und keinen Wurm auf die Berlinreise geschickt, sie werden es noch bereuen, Hans Haacke wird eine Stahltafel auf dem Besucherdach anbringen lassen, in sie wird er ihre Namen gerade nicht ätzen lassen, sondern die der Füller und Leerer der Säckchen und das historische Säckchenentleerungsdatum, solche stählernen Vorsätze hat man voraussehen können bei einem, der allergisch auf Regungen reagiert; in ein öffentliches Gebäude gehört zwar ultimativ eine Tafel, in Frankreich sind Tafeln an und in jedem Provinzbahnhof, beschriftet mit den Namen derer, die von den Nazis ermordet wurden, jede Gesellschaft muß solche Namenstafeln wollen, sie sind das Pathos der Republik, wen soll man auf Tafeln öffentlich ehren, wenn nicht ihre Märtyrer, es ist die einzige Möglichkeit, sich mit Nicht-Ironie antipartikularistisch zu benehmen; die Nazis haben viele Reichstagsabgeordnete verfolgt und ermordet, nicht daß der Bundestag die Märtyrer unserer Republikversuche nicht kennte, er hat auch mit ihrem Gedenken Künstler beauftragt, Hans Haackes Reichstagsstahltafel wird aber die Helden des Jutesacks und des Bröselns ehren, und die Daten werden die des Häufchenmachens sein, das Büro des Konzeptkünstlers wird in Dutzenden von Wahlperioden alle Abgeordneten, sofern sie zum Schütten bereit sind, zur Tafelehrung vorsehen, in Äonen werden die Namen derer nicht untergehen können, die jemals eine Wurmreise ermöglicht und Abrißschutt ausgeleert haben werden, die Jutesäckchen aber mit Erdschütternamen, -wahlkreis und -bröseltag werden im Jutesäckchenwalhall ihrer dereinstigen Wiederkehr entgegenschlummern, immer wird man allerdings auch die Subjekte genau kennen, die es nicht nötig hatten und beim antipartikularistischen Bekräftigen glaubten beiseite stehen zu müssen, sie werden sich noch wundern, vergessen sollen sie sein, man wird sie sich merken.

Leopold Federmair

Der große Poesie-Schwindel
Über Raoul Schrotts Erfindungen

Die Sprache der Prosa, sagt Ezra Pound, sei bei weitem nicht so mit Sinn geladen wie die Sprache der Dichtung. Dies sei vielleicht die einzig gültige Unterscheidung zwischen den beiden Gattungen. Borges sagt dasselbe ein wenig prosaischer: Bei der Poesie werde eine Intensität vorausgesetzt, die man bei der Prosa nicht dulde. Dichte, Intensität, semantische Geladenheit – mit solchen Begriffen versucht man, die Besonderheit der Poesie einzukreisen.

Will man die Sprache der Dichtung zerlegen, wird man etwa drei Ebenen unterscheiden: eine lautliche Ebene, auf der die Sprache musikalische Qualitäten erhält, eine bildliche Ebene, die die Einbildungskraft wesentlich mehr aktiviert als die Sprache der Prosa, und schließlich eine dritte Ebene, die den Wortsinn betrifft, wo der übliche Sinn fragwürdig wird, sich ändert oder in ungewohnten Kontexten erscheint. Melopoeia, Phänopoeia, Logopoeia, das sind die Begriffe, die Pound gebraucht. Octavio Paz sieht die Dichtung ähnlich, wenn er sie als Verschränkung von Rhythmus und Bild in einem außergewöhnlichen Augenblick definiert.

Es liegt auf der Hand, daß die Übersetzung von Dichtung nicht auf dieselbe Weise vor sich gehen kann wie die Übersetzung von Prosa. Und man kann die Vermutung wagen, daß die besondere Beschaffenheit der Sprache der Dichtung den Dichter in besonderem Maß zum Übersetzen, zur sprachschöpferischen Auseinandersetzung mit fremder Dichtung drängt. Umgekehrt sind die Kriterien zur Beurteilung literarischer Übersetzungen im Fall der Dichtung nicht dieselben wie im Fall der Prosa. Der Begriff der Nachdichtung wird für poetische Werke meist akzeptiert, für Prosa oft nicht. Anscheinend führt oder zwingt die höhere Komplexität poetischer Sprache zu größerer Freiheit in Hinblick auf das Original. Eine andere, vielleicht mitschwingende, aber selten ausdrücklich formulierte Frage ist, ob diese Freiheit Grenzen haben kann und soll.

Daß Dichter fremdsprachige Dichter in ihre Sprache übertragen, ist keine Seltenheit, sondern eher die Regel. Und es kommt auch nicht selten vor, daß sie aus vielen Sprachen übersetzen, die sie in manchen Fällen kaum beherrschen. Sogleich stellt sich die Frage, was mit »die Sprache des Dichters« überhaupt gemeint ist. Eine nationale oder regionale Sprache, oder etwa eine poetische Sondersprache, die von Individuum zu Individuum verstanden wird, von Dichter zu Dichter, von Mandelstam zu Celan beispielsweise, und nicht so sehr von einem Russen zu einem deutschsprachigen Rumänen? Außerdem entsteht im Lauf der Zeit eine Tradition des Übersetzens, beispielsweise des Übersetzens von Shakespeare-Sonetten ins Deutsche oder von Heine-Gedichten ins Spanische. Der übersetzende Dichter versucht dann, auf den Klang des Originals zu hören, soweit ihm dies möglich ist, aber er setzt auch jene Tradition fort, er schreibt die bereits vorhandenen Shakespeare- oder Heine-Übersetzungen um und weiter.

Manche der Ansichten Ezra Pounds wirken zunächst überspannt, bei näherem Überlegen erweisen sie sich aber meist als treffende Beobachtungen: »Noch etwas wird von Leuten, die keine Sprachen können, falsch gesehen: daß man eine Sprache nicht als Ganzes zu erlernen braucht, um ein oder ein Dutzend Gedichte zu verstehen. Es genügt häufig, wenn man das Gedicht und jedes der paar Dutzend oder paar Hundert Wörter, aus denen es besteht, von Grund auf erfaßt hat.« Das trifft beispielsweise auf Trakls Gesamtwerk ohne jede Einschränkung zu. Die Kenntnis des Deutschen hilft wenig zum Verständnis seiner Gedichte. Es kommt darauf an, ihre poetische Machart, gleichsam ihr poetisches System, das von der Alltagssprache weit entfernt ist, zu erkennen.

Im Vorwort zu seiner Anthologie *Die Erfindung der Poesie* schreibt Raoul Schrott: »Übersetzen ... heißt, diese Bilder zu sehen, bevor sie geschrieben werden, und sie dann ... mit den Utensilien der eigenen Sprache freihändig nachzuzeichnen und neu zu skizzieren.«[1] Soll der Übersetzer das Bild sehen, bevor es der übersetzte Dichter gesehen hat, oder soll der Übersetzer das vom Dichter bereits evozierte Bild sehen (und es sich meinetwegen zu eigen machen), bevor er ihm dann in seiner eigenen Sprache Ausdruck verleiht? Zweiteres halte ich für möglich und sinnvoll; ja, ich glaube, es ist geläufige Übersetzungspraxis. Besonders das poetische Übersetzen ist oft kein Übersetzen von Worten in Worte, sondern von Bildern, vermittelt durch Worte, in Bilder. Die Übersetzermaxime, die Schrott angibt: »So nahe wie möglich und so frei wie notwendig«, ist nicht mehr und nicht weniger als ein Topos. Wie allerdings eine möglichst große Nähe zu bewerten ist, wenn der Übersetzer nicht arabisch liest und den Originaltext nach einer französischen Version übersetzt, steht auf einem anderen Blatt.

Auch die Wiedergabe des musikalischen Aspekts, also von Metrum, Rhythmus und Assonanzen, ist eine nicht leicht und wahrscheinlich überhaupt nicht definitiv zu beantwortende Frage. Alle drei von Pound unterschiedenen Ebenen in der eigenen Sprache im gleichen Maß zu berücksichtigen, ist tatsächlich eine hohe Kunst, die vom Übersetzer selten erreicht wird. Die Konzentration auf das Rhythmische oder den Reim führt häufig zu einer Vernachlässigung der Semantik und umgekehrt. Wenn Schrott behauptet, eine ursprüngliche Dominanz des musikalischen Rhythmus werde im Verlauf der Entwicklungsgeschichte der Lyrik von immer deutlicher in den Vordergrund tretenden poetischen Bildern abgelöst, so halte ich das für eine Schutzbehauptung, die die Vernachlässigung von Rhythmus und Klang bei seinem eigenen Übersetzen rechtfertigen soll. Zwar wurden die herkömmlichen metrischen Formen durch die literarische Moderne aufgesprengt, aber der »vers libre« bedeutet keineswegs eine Vernachlässigung des Musikalischen in der Dichtung – ganz im Gegenteil.

---

[1] Raoul Schrott, *Die Erfindung der Poesie. Gedichte aus den ersten viertausend Jahren.* Frankfurt: Eichborn 1997; *Tropen. Über das Erhabene.* München: Hanser 1998.

Borges hatte eine Vorliebe für alle Arten von Fälschungen und Phantastereien. In seinem Essay über die (englischen) Übersetzer von *Tausendundeiner Nacht* äußert er die Meinung, daß es einem Übersetzer nicht gestattet sei, den Vorstellungsgehalt eines Buches anstelle seiner Worte zu übersetzen, und er bewundert fast im selben Atemzug die »schöpferische und glückliche Untreue« einer der von ihm besprochenen *Tausendundeine Nacht*-Versionen. Ich glaube, es gibt für diese Art von Textuntreue tatsächlich nur eine Begründung, nämlich die von Raoul Schrott unter Hinweis auf Martin Luther gegebene: Das Ergebnis des Übersetzens müsse in jedem Fall »bestes Deutsch« sein.

Übersetzungen fremder Texte sind, so gesehen, ein Beitrag zur eigenen Literaturgeschichte, von dieser, das heißt vom zeitgenössischen literarischen Kontext, niemals ganz unabhängig und umgekehrt auch befähigt, diesen Kontext mitzugestalten. Das vielbeschworene Altern literarischer Übersetzungen scheint mir letztlich nur ein Aspekt des Alterns von Sprache, von Literatur, von Kunstwerken überhaupt zu sein. Bei manchen geht der Verfallsprozeß rascher, bei anderen weniger rasch vor sich. Ezra Pound empfahl seinen englischsprachigen Zeitgenossen allen Ernstes, Homer in der altfranzösischen Übersetzung von Hugues Salel zu lesen, denn nur diese biete »anhaltenden Genuß«.

Wenn man sich eine Zeitlang im Feld der Literaturkritik betätigt, ergeben sich Zuständigkeiten, Linien, Gewohnheiten, die zu Fesseln werden können. Überall lauert die Gefahr des Spezialistentums, und ein kritischer Spezialist zu sein, ist womöglich noch gefährlicher, als ein affirmativer Spezialist zu sein. Meine erste öffentliche Äußerung zu einer Arbeit von Raoul Schrott betraf seinen Roman *Finis terrae*. Ich habe diesen Roman damals »wohlwollend« besprochen – dieses Adverb verwendet man gern, um eine zustimmende, aber nicht unbedingt enthusiastische Stellungnahme zu charakterisieren. Als ich dann vor einem Jahr den Gedichtband *Tropen* las, war ich erstaunt über die Fehlerhaftigkeit dieses auf Gelehrsamkeit bedachten Werks. Auch hier ein großer Anspruch – das Erhabene – und Versatzstücke aus vielerlei Sprachen, Epochen und Wissenschaften; der Versuch, eine Position wie seinerzeit Leonardo da Vinci einzunehmen, Weltgegenden und Jahrtausende zu umfassen, das Spezialistentum beiseite zu wischen. »Schrotts Gedichte sind versifizierte, manchmal gereimte Prosa«, schrieb ich in meiner Besprechung, »ihre Syntax ist kaum poetisch, Rhythmus und Klang werden als Faktoren vernachlässigt, und Tropen – nimmt man die auf dem Buchumschlag gegebene Definition des ›übertragenen Wortgebrauchs‹ – kommen in diesem Tropenbuch selten vor. Nicht absprechen kann man Schrott, daß ihm hin und wieder schöne, auch überraschende Bilder gelingen.«

Meine letzte literarische Begegnung mit Raoul Schrott verdanke ich einem meiner Lieblingsautoren, Jorge Luis Borges. Ich brachte es nicht übers Herz, nicht in die Auswahl von Borges-Gedichten hineinzuschauen, die der Carl Hanser Verlag zum hundertsten Geburtstag des Argentiniers veröffentlichte. Als Herausgeber dieses Bandes fungierte Raoul Schrott, die Übersetzung war, der Notiz auf der Rückseite des Titelblatts zufolge, von Gisbert Haefs und Raoul Schrott. Um niemandem unrecht zu tun, rief ich, ehe ich meine Kritik zu Papier brachte, Gisbert Haefs an, um in Erfahrung zu bringen, wer von den beiden Genannten nun wirklich Borges übersetzt habe. Haefs sagte mir, er habe sich mit Schrott nie getroffen, dieser habe einfach seine Übersetzungen bearbeitet, der Hanser Verlag habe ihm dann eine Kopie des Manuskripts geschickt und er, Haefs, habe einige offensichtliche Irrtümer, die Schrott begangen und der ursprünglichen Übersetzung hinzugefügt habe, wieder herausgestrichen, mehr nicht. Um meinen Eindruck von Schrotts Umgang mit Borges zusammenzufassen, hier ein kurzes Zitat aus meiner Besprechung dieses Buchs: »Raoul Schrott hat die Übersetzungen von Gisbert Haefs genommen und sie an vielen Stellen entpoetisiert. Ich gehe so weit, zu behaupten, daß er eine Reihe von Gedichten zerstört hat.«

Das Erscheinen von Schrotts Anthologie mit, wie der Untertitel behauptet, »Gedichten aus den ersten viertausend Jahren« der Geschichte der Poesie bewog erfahrene deutsche Feuilletonschreiber zum Gebrauch hyperbolischer, ja sogar pathetischer Epitheta, löste aber auch scharfe Kritiken aus. Thomas Steinfeld verstieg sich in der *FAZ* (14. Oktober 1997) zu der Behauptung, ein Lebenslauf wie der von Schrott *müsse* zu einem großen Buch führen. »Es folgen die Wanderjahre als Sekretär bei Philippe Soupault«, erzählt Steinfeld den Verlagsprospekt nach; diese bewegten Wanderjahre dürften sich 1986 abgespielt haben, als der neunzigjährige Ex-Surrealist Soupault in einem Altersheim im 16. Arrondissement von Paris wohnte und seit langem keine Zeile mehr veröffentlicht hatte. Steinfeld bewundert die »unerhörten Ausgrabungen« und »uralten Fundstücke« Schrotts, und er überlegt keine Sekunde, ob es nicht fragwürdig sein könnte, wenn all das Tausendjährige beim Übersetzen über ein und denselben Kamm geschert wird: »Diese Gedichte können fünfhundert Jahre alt sein oder dreitausend, es ist im Grunde gleichgültig.« Auch Fehler beim Übersetzen und Kommentieren spielen keine Rolle, Steinfeld selbst hat einige entdeckt, aber er bricht seine Suche bald ab: »Es ist müßig, nach solchen Mängeln zu suchen ...« Daß der Trobador bei Schrott nach Robin Hood klingt oder Archilochos nach Rimbaud oder Sappho nach *Wanderers Nachtlied* oder die mehr hypothetische als lesend nachvollziehbare sumerische Dichtung nach Salomons Hohemlied (zwischen den beiden genannten Quellen liegen lächerliche zweitausend Jahre), sei's drum, Hauptsache, die Übersetzung hat Rhythmus und Reim. »Ob das alles so richtig ist, weiß man nicht«, aber darauf kommt es nicht an.

Ich erwähne kurz zwei tadelnde Kritiken der Schrottschen Anthologie. Rafik Schami, ein in Deutschland lebender syrischer Autor, bezeichnet Schrott als Dilettanten: Die von ihm ausgewählten arabischen Dichter seien zweit- oder drittrangig, seine Übersetzungen fußten auf englischen und französischen Übersetzungen, seine Kommentare auf meist veralteter Sekundärliteratur. Die von Schami besprochenen Mißverständnisse und Fehler beim Übersetzen will ich hier nicht wiedergeben; besonders aufgefallen ist mir seine Behauptung, Schrott »bemühe« dauernd die Erotik und übertreibe deren

Bedeutung für die arabische Dichtung. Zwei Pauschalurteile seien erwähnt: Die schönsten, wildesten Gedichte würden, so Schami, bei Schrott zu einem »nichtssagenden faden Brei«, und manche Verse befänden sich »auf Tiroler Schlagerniveau«. Besonnener ist die Kritik von Andreas Kilb (*Zeit* vom 14. November 1997). Die vereinheitlichende Kraft von Schrotts Übertragungspraxis, die der *FAZ*-Redakteur lobt, ruft beim Kritiker des Konkurrenzfeuilletons nur Skepsis hervor: »Wenn die ganze Literaturgeschichte nach Raoul Schrott klingt, kann man sie beiseite legen.« Kilb mokiert sich über die »endlosen Langzeilen« Schrotts und sagt frei heraus, daß der Nachdichter die unterschiedlichen Formen der Poesiegeschichte – gemeint sind Metrum, Rhythmus und Klang – seiner Meinung nach nicht beherrsche. Von der angestrebten Genialität, schließt Kilb, bleibe nur die Pose.

Viele Nachdichtungen Schrotts empfinde ich ähnlich wie Schami als »faden Brei«. Auch an Schlagertexte fühle ich mich manchmal erinnert, nicht nur bei einem Satz wie: »ein lied will ich machen weil ich schläfrig bin / ich sitz in der sonne geh müd her und hin«, sondern auch bei der von einigen Rezensenten bewundernd zitierten »sumerischen« Strophe: »Mein krauses haar / ist die kresse ist die krause kresse / in ihrem beet der beine – / er wird sie mir wässern«. Hält man einige der verallgemeinernden Werturteile der Kritiker nebeneinander, hat man den Eindruck, als sprächen sie von ganz verschiedenen Werken. So behauptet zum Beispiel Steinfeld, Schrott bestehe bei seinen Übertragungen nachdrücklich auf Rhythmus, Klang und Reim, nötigenfalls werde dafür auch der Wortsinn geopfert. Thomas Kraft meint, der Nachdichter habe »rhythmische und metrische Angleichungen und Glättungen vorgenommen«. Paul Jandl (*NZZ*, 28. Februar 1998) schreibt in einer Besprechung: »Auf Metrum und Reim des Originals läßt er sich kaum jemals ein. Wo er es tut, scheitern die Gedichte.« Schrott selbst hatte im Vorwort zu seiner Anthologie geschrieben: »Da ist ... die Frage nach der Nachbildung von Rhythmen und Metren der Originale. Auf sie wurde verzichtet«.

Man könnte die Aufbereitung einer poetischen Anthologie – Einleitung, Kommentare, Anmerkungen – als unwichtig abtun und einfach überblättern. Ich verschließe also die Augen vor der Vagheit von Schrotts Wissenschaftsprosa und vermeide es, formelhafte Sätze wie den folgenden zu zerpflücken: Die sizilianisch-arabischen Dichter »zeichnet die hohe Beobachtungsgabe und der Sinn fürs Detail aus, die beide zu einer fast symbolistischen Poesie führen«. Nur vor einem kann ich die Augen nicht verschließen, nämlich davor, die moderne Dichtung als weltfremd und selbstverliebt abzutun und die neuere Geschichte der deutschsprachigen Dichtung in Bausch und Bogen zu verwerfen. Diese habe »eine eigene Poetik von internationalem Einfluß kaum je herausgebildet« und immer nur ausländischen Vorbildern nachgeeifert, sagt Schrott und suggeriert, die deutsche Dichtung sei zu hirnig, und daran sei wiederum die protestantische Ethik schuld. Dieses alte Klischee hat heute nur noch den Wert einer Karikatur. Das großspurige Ignorieren, mit dem *Die Erfindung der Poesie* einsetzt, ist weniger ungerecht als unsinnig; es säubert die Literaturgeschichte von Dichtern wie Johann Christian Günther, Goethe, Hölderlin, Heine, Trakl, Rilke, Benn, Bachmann, Celan. Die meisten von ihnen haben aus fremden Sprachen übersetzt und wurden in fremde Sprachen übersetzt.

Natürlich kann eine Anthologie, die die Jahrtausende durchstreift, nicht alles aufnehmen, und es ist müßig, sich zu fragen, welche Dichter hier fehlen. Rafik Schami hat darauf hingewiesen, daß die von Schrott ausgewählten arabischen Dichter nicht die bedeutendsten sind. Für Schrott sind das subjektive Geschmacksfragen. Mag sein. Trotzdem möchte ich für meinen Teil daran festhalten, daß es so etwas wie ein ästhetisches Urteilsvermögen gibt, das man pflegen oder vernachlässigen kann. Man kann zeitgenössische okzitanische Dichtung sammeln, weil sie einer aussterbenden Sprache angehört oder weil sie gut ist. Das sind unterschiedliche Kriterien mit je eigener Berechtigung. Man kann die Sonette des Giacomo da Lentini übersetzen, weil er angeblich der Erfinder dieser Gedichtform war, oder die Sonette Petrarcas, weil man der Meinung ist, daß sie zu den schönsten gehören. Schrott hat sich für Giacomo entschieden, um seinem Erfindungsprojekt Genüge zu tun. Die Crux dabei ist, daß das Erfindertum in diesem Fall sehr zweifelhaft ist. Schrott hat einfach die Hypothese des englischen Literaturwissenschaftlers E. H. Wilkins übernommen, die mich nicht überzeugt. Und er hat auch gleich den Titel von Wilkins' Aufsatz übernommen: *The Invention of the Sonnet*.

In dieser Suche nach Erfindung, nach dem Ursprungsmoment einer Form, paart sich Naivität mit Durchtriebenheit. Denn solche Ursprungsmomente lassen sich meistens nur idealiter konstruieren, durch Raffung historischer Vorgänge und durch eigene Erfindung, wo die Vorgänge selbst nicht greifbar werden. Es ist rührend mitanzusehen, wie sich Schrott den an logisch-ästhetischen Problemen der Unausgewogenheit und des Bruchs herumtüftelnden Giacomo vorstellt: Ich hege den Verdacht, daß der Studierstubengelehrte hier seine eigenen geistigen Mühen und Volten in die sizilianische Dichterfigur projiziert. Der größte Coup ist jedoch Schrotts Erfindung der Erfindung der Poesie durch zwei sumerische Frauen, eine Prinzessin und eine Priesterin. Die zeitliche und kulturelle Ferne dieser Keilschrift-Fragmente, über die wir wenig gesichertes Wissen besitzen, gibt dem heutigen Dichter die Möglichkeit, seiner eigenen Poiesis freien Lauf zu lassen. Ob man aber noch von »Nachdichtung« sprechen soll, wenn man seinen Text um ein paar Vermutungen herum schreibt wie um eine Handvoll vorgegebener Wörter auf einem weißen Blatt Papier?

Schrott gewinnt durch seine neosumerischen Gedichte mehr als eineinhalb Jahrtausende. Zählt man von Archilochos und Sappho, deren Werke gut überliefert und entzifferbar sind, bis zum Waliser Dafydd ap Gwilym, kommt man auf rund zweitausend Jahre. Die viertausend Jahre Poesie hat sich Schrott schon rein rechnerisch erschwindelt. Schrotts Transportmittel durch die Jahrtausende ist seine Überzeugung, Gedichte seien Verkleidungen des Immergleichen und Ewigmenschlichen, dessen Definition zwar ein wenig dunkel bleibt, aber irgendwie mit Wein, Weib und Gesang verbunden ist. Diese Überzeugung unterscheidet sich von Auffassungen, die in Dichtungen das je Eigene suchen und den Abstand, auch und gerade beim

Übersetzen, wahren wollen. Sie unterscheidet sich aber auch von der Poundschen Poetik, der es um Durchdringung entfernter Zeiten und Kulturen geht, um eine symbiotisch vielstimmige Existenzform des Poetischen jenseits von Technik und Rhetorik, auf die Schrott sich beruft. Pounds eigene Dichtung lebt in und von den Trobadors, in und von chinesischer Lyrik, er verbindet etwa im *Canto I* homerische Epik und altenglische Metrik und kommt so zu neuen Formen. Raoul Schrotts *Tropen*-Buch mag zwar gelehrt sein, von seiner Übersetzungstätigkeit bleibt es aber merkwürdig unberührt.

Wenn Dichtung das Immergleiche ist, läßt sie sich beliebig aktualisieren. Raoul Schrott tut das nicht einfach, wo sich die Gelegenheit bietet, er *bemüht* sich vielmehr um Aktualisierungen. In einigen Gedichten springt dieses Bemühen besonders in die Augen, etwa wenn im alten Rom »Pomadenhengste« mit »Schmalztollen« auftreten und die Mädchen »steiler Zahn« genannt werden. Mich erinnert dieses Aktualisierungsbemühen an Theateraufführungen, bei denen Fausts Gretchen in ausgewaschenen Jeans daherkommt und dauernd an ihrer Zigarette nuckelt: Achtung, hier wird aktualisiert! Dem möchte ich die Perspektive gegenüberstellen, wie sie Goethe in seinen Noten und Abhandlungen zum *West-östlichen Divan* beschrieb: »Wollen wir an diesen Produktionen der herrlichsten« - arabischen - »Geister teilnehmen, so müssen wir uns orientalisieren, der Orient wird nicht zu uns herüberkommen.« Es gibt zwei Möglichkeiten: Man kann sich auf andere Kulturen, Sprachen und Epochen einlassen, was die Gefahr mit sich bringt, sich zu verlieren; oder man kann jene Kulturen, Sprachen, Epochen für sich benützen.

Im Vorwort zu seiner Anthologie stellt Schrott die Behauptung auf, Poesie sei stets unter ähnlichen Rahmenbedingungen gediehen: griechische Demokratie, römische Republik, »eine Art Oligarchie bei den arabischen Stämmen«. Ohne Demokratie westlichen Zuschnitts keine Gedichte – das ist wohl der Sinn dieser Rede, die man mit ein bißchen Phantasie als dichtungspolizeilichen Wink mit dem Zaunpfahl verstehen kann. Daß die arabischen Dynastien mit der griechischen Demokratie gar nicht viel Ähnlichkeit aufweisen, dämmert Schrott. Goethe hatte davon ein wesentlich klareres Bewußtsein, jener »Despotismus« bereitet ihm durchaus Unbehagen, was ihn jedoch nicht daran hindert, die poetischen Blüten zu schätzen. Nein, Demokratie und Dichtung sind leider nicht aneinander gebunden, und die diversen kulturellen Epochen sind nicht alle mehr oder weniger gleich. Die Aktualisierungsbeflissenheit, scheint mir, ist die Kehrseite der Gleichmacherei. Ezra Pound: »Wenn etwas ein für alle Mal gesagt worden ist, ob in Atlantis oder Arkadien, ob 450 vor Christus oder 1290 danach, steht es uns Heutigen nicht an, es nochmals zu sagen und das Andenken der Toten zu verdunkeln«. Für uns Heutige bleibe immer noch eine Menge zu schaffen, »denn wenn wir auch noch die gleichen Gefühle haben wie jene, die die tausend Schiffe auslaufen ließen, so steht doch fest, daß sie anders, durch andere Nuancen, andere geistige Abstufungen ausgelöst werden«.

Demgegenüber wirkt Schrotts Poetik recht altbacken. Archaische Formen der Erkenntnis sollen von der Dichtung immer aufs neue bearbeitet werden,

»uralte Gemeinplätze, die jetzt selbst die Neurologie bestätigt«, wie Schrott mit einem Verweis auf die im *Tropen*-Buch dann ausgiebig strapazierten exakten Wissenschaften behauptet; Gemeinplätze, *loci communes*; oder doch einfach nur Gemeinplätze? Überstrapazierte, weitherbemühte Rhetorik wie auch im ersten Kapitel der *Erfindung der Poesie*, wo die hypothetische sumerische Dichtung mit einer lateinischen Einteilung verziert wird: Exordium, Argument, Peroration; schlichter formuliert: Einleitung, Hauptteil, Schluß. Aber der *poeta doctus* muß, wie ein Kritiker richtig bemerkte, Eindruck schinden.

Im folgenden einige Beispiele aus Raoul Schrotts Übersetzungspraxis. Ich beginne mit den arabischen Dichtern Siziliens (vorwiegend 11. Jahrhundert), weil sich hier die Problematik der Auswahl am besten zeigen läßt. Schrott hätte statt der sizilianischen auch die andalusische Dichtung jener Epoche nehmen können, was vermutlich ertragreicher gewesen wäre. Leonardo Sciascia hat Ibn Hamdis als den bedeutendsten unter den arabischen Dichtern Siziliens bezeichnet. Er dürfte sich dabei auf die Arbeiten Michele Amaris gestützt haben, des besten Kenners der arabischen Epoche Siziliens, der in seinem historischen Standardwerk schreibt, Ibn Hamdis sei zu seiner Zeit der berühmteste Dichter des Landes gewesen. Auch Adolf von Schack, den Schrott in seiner Bibliographie zitiert, schreibt in einem Werk aus dem 19. Jahrhundert, Ibn Hamdis gelte als »der begabteste Dichter« jener Epoche. Bei Schrott aber kommt dieser Ibn Hamdis nicht vor.

Nun kann man freilich sagen, die besten Nachdichtungen fußten nicht immer auf den besten Originalen. Man wird beispielsweise auf Goethes Hafis-Übertragungen verweisen. Diesem Hinweis möchte ich nachgehen, zumal ich den *West-östlichen Divan* für eines der wunderbarsten Beispiele aus dem gesamten Nachdichtungsgenre halte. Goethe hat dieses Buch als Siebzigjähriger abgeschlossen, nachdem er sich jahrelang mit arabischer Sprache und Dichtung beschäftigt hatte. Sein *Divan* stützt sich auf die 1813 erschienenen Hafis-Übertragungen von Joseph von Hammer-Purgstall. Goethe war damals als alter Herr in ein junges Mädchen verliebt, und diese Verliebtheit schlägt sich im Ton der Nachdichtungen nieder. Goethe »orientalisiert« als Nachdichter, aber zugleich bringt er subjektive, gegenwärtige und westliche Empfindungen zum sprachlichen Ausdruck. Seine Hafis-Gedichte sind geschmeidig und wohllautend, durchwegs musikalisch, mit Strophenformen und Reimen, die sicher nicht dem arabischen Reimprinzip entsprechen, dafür aber eine verspielte, neckische, verliebte Atmosphäre vermitteln, von der ich mir vorstellen kann (ich *weiß* es freilich nicht), daß sie der Sprachatmosphäre der Originale entspricht, also Antwort gibt.

In vielen seiner Gedichte hat Goethe erotische Inhalte formuliert, manchmal wurde er dabei auch obszön (daß er das Obszöne nicht drucken ließ, steht wiederum auf einem anderen Blatt). In den erotisch geladenen Versen des *Divans* kommt er ohne sogenannte Deftigkeiten aus. Er wußte, daß Erotik sich selten durch sprachliche Direktheit vermitteln läßt. Die Mängel, deren sich Goethe in Hinblick auf seine Übersetzung zeiht, sind der »eigene Akzent«, das vielleicht unzureichende Einfühlungsvermögen des Übersetzers in die fremde Kultur und Sprache, »die er sich anzueignen trachtet«. In seinen *Noten und Abhandlungen* meint Goethe, beim Übersetzen orientalischer Meisterwerke sei »vorzüglich die Annäherung an äußere Form zu empfehlen«. Er nennt in diesem Zusammenhang auch Johann Heinrich Voß, den »nie genug zu schätzenden« Homer-Übersetzer, durch dessen Hexameter eine besondere sprachliche »Versatilität unter die Deutschen gekommen« sei. Franz Josef Czernin hat unlängst Goethes Drei-Stufen-Modell des Übersetzens als »seltsame Formel« bezeichnet. Ich für meinen Teil glaube, daß dieses Modell – von der Interlinearversion über die surrogathafte Ersetzung zu einer höheren Buchstäblichkeit, die nach dem Durchgang durch die beiden ersten Etappen den ganzen formalen Reichtum des Originals wiederzugeben imstande ist – sehr wohl noch brauchbar ist für eine Übersetzungspraxis jenseits von Oberflächlichkeit und Paraphrase (Goethe verwendet das heute mißverständliche Wort »Parodie«). Die drei Stufen sind dabei nicht unbedingt als Alternativen zu sehen, sondern als Prozeß einer oft langwierigen Arbeit. Einer Feinarbeit, die Gedichte wie das folgende zeitigt:

> Kenne wohl der Männer Blicke,
> Einer sagt: Ich liebe, leide!
> Ich begehre, ja verzweifle!
> Und was sonst ist, kennt ein Mädchen.
> Alles das kann mir nicht helfen,
> Alles das kann mich nicht rühren;
> Aber, Hatem, deine Blicke
> Geben erst dem Tage Glanz.
> Denn sie sagen: *Die* gefällt mir,
> Wie mir sonst nichts mag gefallen.
> Seh' ich Rosen, seh' ich Lilien,
> Aller Gärten Zier und Ehre,
> So Zypressen, Myrten, Veilchen,
> Aufgeregt zum Schmuck der Erde;
> Und geschmückt ist sie ein Wunder,
> Mit Erstaunen uns umfangend,
> Uns erquickend, heilend, segnend,
> Daß wir uns gesundet fühlen,
> Wieder gern erkranken möchten.
> Da erblicktest du Suleika
> Und gesundetest erkrankend,
> Und erkranketest gesundend,
> Lächeltest und sahst herüber
> Wie du nie der Welt gelächelt.
> Und Suleika fühlt des Blickes
> Ew'ge Rede: *Die* gefällt mir
> Wie mir sonst nichts mag gefallen.

Unter dieses west-östliche Gedicht setze ich die erste von Schrotts arabisch-sizilianischen Nachdichtungen:

> Wenn zeit ist für das glück dann nehme ich sie wahr
> niemand weiß ob aus dem morgen auch ein abend wird
>
> Und gelange ich wenn in diesem leben nicht zu ihr
> dann werd ich neben ihr im dunkeln meines grabes sein
>
> Sie hielt mich mit wein zurück und sie war wild
> wie es nur je die menschen waren und die frauen immer
>
> Ihren herzschlag aber hab ich von der frucht
> der frischen lippen und ihrem rot mir bereits gepflückt
>
> So ließ sie den weinkrug kreisen zwischen uns
> ein sanfter trank noch sanfter als der atem für den atem
>
> Und es war als ob erst in ihrer hand der becher
> zu all den sternen in ihrem umlauf um die sonne würden
>
> Wieviel beredte zungen wußte der wein zu fesseln
> wie viele zungen aber hat er dem stummen schon gelöst?

Ich weiß nicht, ob Schrott auch in diesem Fall, wie bei vielen Borges-Gedichten, das Original entpoetisiert, weil ich nicht arabisch lesen kann, aber eines weiß ich bestimmt: Das hier ist eine langzeilig dahinstolpernde Prosasprache. Ich unterlasse es, die Bilder dieses Textes (der zwischen zwei Personen kreisende Weinkrug) zu zerpflücken und den Finger auf die wunde Grammatik (der becher würden (!) zu all den sternen) zu legen: Es fällt wirklich schwer, über all die Stümpereien hinwegzusehen, zum Beispiel in jenem Schrottschen Archilochos-Gedicht, wo ein feiger Krieger »sein Schild« wegwirft.

Ich zitiere ein weiteres Beispiel aus der arabischen Dichtung. Bei der Übertragung eines Gedichts von Abu Nuwas versucht sich Schrott als Reimeschmied. In diesem Gedicht aus dem 8. Jahrhundert reimen sich in Schrottscher Übertragung von dreißig Versen zehn (zweimal fünf), von den fünf Reimen sind drei rein und zwei unrein. Da die Zeilen ziemlich lang und ohne Rhythmus sind, hört man die Reime kaum, die Mühe des Nachdichters ist im Grunde zwecklos. Es ist ein Gedicht über die Liebe, daraus einige Zeilen:

> Vor dir hat sie schon andere angesteckt
> an diesem brand im herzen litten schon Muraqqis
> Gamil und Urwa – lauter kluge leute
> von denen leider wahr ist daß sie an der liebe starben:
> der wind legt jetzt ihre knochen bloß –
> deshalb glaube ich daß auch du daran sterben wirst
> weil es keinen anderen arzt gibt für sie
> als nur leider eben die oder der geliebte in person

> der meist jedoch alles nur schlimmer macht –
> vor allem dich verlacht (ein Binnenreim!) und übergießt
> mit einem hohn
> wie ihn so nicht einmal deine feinde kennen

Über Schrotts Umgang mit der Sonettform habe ich bereits einiges gesagt. Schrott übersetzt den Terminus an einer Stelle mit »kleiner Tonsatz« – es hätte genügt, sich daran zu erinnern, daß man im 17. Jahrhundert gern »Kling-Gedicht« sagte: eine treffende und schöne Eindeutschung. In Schrottscher Nachdichtung klingt es nicht mehr. Hier ein hochgradig spielerisches, artifizielles, klingendes und witziges Gedicht von Giacomo da Lentini:

> Eo viso – e son diviso – da lo viso
> e per aviso – credo ben visare;
> però diviso – viso – da l'aviso,
> ch'altr'è lo viso – che lo divisare;
> e per aviso – viso – in tal viso
> de lo qual meno posso divisare.
> Viso – a vedere quell'è paraviso,
> che non è altro se non Deo devisare;
>
> 'ntr'aviso – e paraviso – non è diviso,
> che non è altro che visare in viso,
> però mi sforzo tuttor avisare.
> E credo, per aviso – che da viso
> già mai meno poss'essere diviso
> che l'uomo vi nde possa divisare.

Im Anmerkungsapparat zu seiner Anthologie zitiert Schrott dieses Sonett im Original und gibt dazu eine Interlinearversion:

> Ich sehe es – und bin doch getrennt – von dem gesicht,
> und durch die vorstellung – denke ich, sehe ich es gut;
> deshalb habe ich getrennt – die vision – von dem gesicht,
> weil es eines ist zu sehen – ein anderes es sich vorzustellen;
> und durch die vorstellung – sehe ich – auf so ein gesicht,
> daß ich mich davon kaum mehr trennen kann.
> Ich sehe – um zu sehen, was in der vorstellung ist,
> was nichts anderes ist, als Gott zu ersehen.
>
> Mit der sicht – und durch sie – ist es von mir nicht getrennt,
> sodaß es nichts anderes ist, als in ein gesicht zu sehen,
> deshalb will ich es immer ganz sehen.
>
> Und ich glaube in meiner vorstellung – daß von dem gesicht
> ich niemals mehr getrennt werden kann,
> was immer die leute darüber sich auch vorstellen mögen.

Die »poetische« Übersetzung »klingt« bei Schrott so:

> Allein das sehen läßt ihr gesicht mich sehen
> doch nachsehen nur bleibt mir von dieser einsicht:
> das sehen halt ich für anders als das sehen
> denn sehen ist eins – das zweite aber zuversicht
> In dieser hinsicht kann ich sie nicht sehen
> obwohl ich mich doch sehn nach ihrem angesicht:
> so seh ich bei diesem hin- und hersehen
> weder eine übersicht noch die gehoffte durchsicht!
>
> Einmal abgesehen davon liegt's an ihrem aussehen
> wenn ich mich sehne auf das wiedersehen –
> doch mit rücksicht auf mein ansehen voller vorsicht:
> umsicht ist geboten – macht die aufsicht aufsehen
> versuch ich sie ... ganz finster anzusehen:
> doch ob's was nützt – bei meiner großen kurzsicht?

In dieser definitiven Version hat der Nachdichter so recht und schlecht ein Wortspiel durchgezogen. Der Preis, den er dabei zahlt, ist aber enorm hoch: Er gibt den Rhythmus und den Klang auf, von dem das Originalgedicht lebt; durch die auseinandergezogene, prosaische Wortfolge verlieren die Reime auf »sehen« und »sicht« jene Kraft, die Reime ausstrahlen, wenn sie – wie in Giacomos Original – gelungen sind. Es ist schon so, wie Paul Jandl sagt: Je mehr sich Schrott um die poetische Form bemüht, desto radikaler mißlingt die jeweilige Übertragung. Daß Sonett-Nachdichtungen klingen können, haben andere Dichter gezeigt, zum Beispiel Martin Opitz auf den Spuren Petrarcas:

> ISt Liebe lauter nichts / wie daß sie mich entzündet?
> Ist sie dann gleichwol was / wem ist ihr Thun bewust?
> Ist sie auch gut und recht / wie bringt sie böse Lust?
> Ist sie nicht gut / wie daß man Frewd' aus ihr empfindet?
> Lieb' ich ohn allen Zwang / wie kan ich Schmertzen tragen?
> Muß ich es thun / was hilfft's daß ich solch Trawren führ'?
> Heb' ich es ungern an / wer dann befihlt es mir?
> Thue ich es aber gern' / umb was hab' ich zu klagen?
> Ich wancke wie das Graß so von den kühlen Winden
> Umb Vesperzeit bald hin geneiget wird / bald her:
> Ich walle wie ein Schiff das durch das wilde Meer
>   Von Wellen umbgejagt nicht kan zu Rande finden.
> Ich weis nicht was ich wil / ich wil nicht was ich weis:
> Im Sommer ist mir kalt / im Winter ist mir heiß.

Phänopoeia, Melopoeia, Logopoeia – Opitz' Übertragung folgt dem Original Petrarcas auf allen drei Ebenen und schreibt sich mit dem Gebrauch des Alexandriners und der logopoetischen Akzentuierung von Antithetik und Unbeständigkeit zugleich in den Kontext der deutschen Barockliteratur ein.

Als letztes meiner Beispiele habe ich Catull ausgewählt. Von Catulls Gedichten gibt es eine gute deutschsprachige Gesamtausgabe, die Übersetzung besorgte Otto Weinreich. Bei Catull kann Schrott seiner Vorliebe, dem deftigen Dichten, freien Lauf lassen: »Sakra, was für ein Machwerk«, er »gabelte mich neulich beim Forum auf«, »das Blabla ging auch schon los« usw. Besonders beim Saufen, Ficken und Vögeln hat Schrott seinen Spaß, was ihn regelmäßig dazu treibt, übers Ziel hinauszuschießen: Das »fiebrige Dirnchen« aus Weinreichs Übersetzung wird zu einer »schwindsüchtigen Schlampe«, wo im Original von »febriculosum scortum« die Rede ist, was mit schwindsüchtig überhaupt nichts zu tun hat, und Schrott überschüttet das arme Mädchen noch mit zwei weiteren Attributen, von denen bei Catull ebenfalls jede Spur fehlt: »vulgär und häßlich«. Das ist kein Einzelfall, sondern Methode: die Sau herauslassen, wo immer sich Gelegenheit dazu bietet. Das siebenunddreißigste der Catullschen Carmina lautet bei Schrott:

> Ihr seid ein haufen saufbrüder in dieser dreckstaverne
> neun säulen nach den gebrüdern mit dem filzhut –
> ihr meint ihr wärt die einzigen die einen schwanz haben
> und es allem was sich mädchen nennt besorgen dürfen –
> ihr fickt und vögelt und wir stinken nur nach bock?
> Glaubt ihr nur weil da hundert oder zweihundert
> von eurer sorte herumlungern daß ich mich nicht traue
> euch stubenhocker auf einen sitz ins maul zu rammeln?
> Denkt was ihr wollt · die ganze wand dieser taverne
> werd ich voll mit schwänzen und graffiti schmieren ...

Auch das Catullsche Original ist nicht zimperlich, aber es realisiert zugleich eine poetische Form, es ist eine Satire – zu deutsch: Strafgedicht – und kommt in der Regel mit einem Wort aus, wo Schrott gleich drei versprüht. Bei Schrott werden die Mädchen gefickt *und* gevögelt, und obendrein »besorgt« man es ihnen; ein paar Zeilen weiter folgt dann als Draufgabe noch ein Wort aus demselben Sprachregister (»rammeln«). Bei Catull steht da nur »confutuere«, bei Weinreich lautet der Satz: »meint ihr etwa, ihr hättet ganz allein Schwänze / und dürftet ganz allein die Mädchen abvögeln«, wobei er das nicht unwitzige Präfix vermutlich aus metrischen Gründen gewählt hat. Man sieht, auch Weinreichs Version ist nicht prüde, im Vergleich zu Schrott bleibt sie aber innerhalb der poetischen Form. Daß Schrotts sexualprotzige, für meinen Geschmack wenig erotische Sprache nicht grundsätzlich aus der Dichtung ausgeschlossen sein sollte – geschenkt. Was mich als Leser aber nervt, ist die Angeberei, mit der Schrott sie, unbekümmert um den nachgedichteten Dichter, zur Schau stellt: »Seht her, ich kann dreimal hintereinander ficken & vögeln sagen!«

Auch hinter den burschikosen Nachdichtungen sehe ich ein Bemühen, das recht oder schlecht eingelöst, aber nie ganz aus dem Vordergrund gedrängt wird, ein Bemühen, Poesie von Empfindelei und Ich-Kult zu lösen und statt dessen sinnlich zu wirken. Ein solches Bemühen lag gewissen Projekten der siebziger Jahre zugrunde, die sich beispielsweise »Poesie und Musik« nannten und Schallplatten bespielten, von denen eine eindringliche Stimme wie aus fernen, kraftvolleren Zeiten raunte. Vorbilder waren François Villon, Carl Michael Bellman und Franz-Josef Degenhardt, eine Linie, auf der auch unser *poeta doctus* gern ficht. Schrott »leiht für einen Moment von Wahrhaftigkeit irischen Mönchen oder einem walisischen Lehnsherrn« Stimme und Augen (vermutlich haben letztere gefunkelt). Ich kann nicht umhin, dieses Befriedigungstreiben als lieblos zu empfinden. Als medialer Akteur verbreitet Schrott Erlebnisdichtung, allerdings nicht im klassisch-romantischen Sinn, sondern im Sinn einer Gesellschaft, die nach dem Schauer der Echtheit giert und diese als Konsumartikel verkauft.

Die Kraftmeierei geht bei Schrott Hand in Hand mit einer Überheblichkeit, die sich manchmal als Erhabenheit ausgibt und großzügig mit Epochen, Sprachen und Kulturen jongliert. Es ist unvermeidlich, daß bei diesem Historisieren/Modernisieren Späne fallen wie beim Schrottschen Reimen. Am Ende ist alles so ziemlich eins, die Kumpane Catulls und die schmalztolle Rockerbande, Despotie und Demokratie, Poesie oder Prosa – bedienen Sie sich!

Es gibt ein Kriterium, das fürs Dichten wie fürs Nachdichten gelten sollte: bestes Deutsch. Um dieses beste Deutsch ist es bei Schrott nicht gut bestellt. In *Die Erfindung der Poesie* werden Rhythmus und Klang häufig so weit neutralisiert, daß von einer Entpoetisierung der Originale gesprochen werden muß. Die semantische Dichte wird meist verdünnt, die prosanahe Sprache holpert dahin und produziert Langzeilen, in denen die recht beliebig gesetzten oder unterlassenen Reime und Assonanzen ihre Wirkung verlieren. Wo Schrott das Augenmerk auf formale Aspekte legt, gehen Sinn, Syntax und manchmal sogar die Grammatik den Bach hinunter. Es macht die Kunst poetischen Übersetzens aus und ist nicht einfach, braucht auf alle Fälle Ausdauer und Liebe fürs Detail, jene drei Ebenen zu verschränken, die Ezra Pound benannt hat. Wo sich Schrott dem Rhythmus und Klang des Gedichts widmet, leiden Bildlichkeit und semantische Dichte. Wo er ein poetisches Bild zustande bringt, stolpern die Versfüße. Als Nachdichter treibt sich Schrott auf allen Ebenen herum, aber das entworfene Ganze bleibt ein hastig gezimmertes Gebäude.

CHRISTOPH TÜRCKE

Zurück zum Geräusch
Die sakrale Hypothek der Musik

Vogelgezwitscher ist noch keine Musik, ebensowenig wie Löwengebrüll. Menschen, die in Gezwitscher so etwas wie Gesang wahrnehmen, müssen zuvor ihre eigene Klangproduktion auf ein gesangliches Niveau getrieben haben. Sie befinden sich bereits auf einer hohen Kulturstufe. Gezwitscher kann erst musikähnlich klingen, wenn Musik dem Gezwitscher ähnlich geworden ist. Bis der Homo sapiens so weit war, mag er einige tausend, vielleicht zehntausend Jahre durchlebt haben. Wir wissen es nicht. Anfangs dürfte seine »Musik« näher am Gebrüll gewesen sein. Das hat damit zu tun, daß er sie, genauso wie seine Werkzeuge, Rituale und Sprache, nicht aus Spaß oder Langeweile hervorgebracht hat, sondern in einer Art Notwehr: um seine eigene physische und nervliche Konstitution überhaupt auszuhalten.

Die Hominiden, aus denen der Homo sapiens hervorgegangen ist, müssen in besonderer Weise Nervenbündel gewesen sein: sowohl besonders schreckanfällig und schmerzempfindlich als auch fähig, aus dieser Not die Tugend einer besonderen Schreck- und Schmerzverarbeitung zu machen. Nur deshalb gibt es Kultur, nur deshalb gibt es Musik. Gewöhnlich fliehen Naturwesen den Schrecken und Schmerz. Einige aber haben gelernt, den Fluchtimpuls in Momenten höchster Gefahr auszuhängen. Sie ducken sich in den Erdboden, wechseln die Farbe oder stellen sich tot und gleichen sich so eben der Umgebung an, aus der die tödliche Gefahr droht – um verschont zu bleiben. Das nennt man Mimikry. Ihre Besonderheit ist der sich selbst hemmende Fluchtimpuls: der erste Ansatz zur Wendung eines Naturtriebs gegen sich selbst.

Mimikry ist allerdings noch nichts spezifisch Menschliches. Von Menschwerdung kann erst dort die Rede sein, wo Mimikry das Raffinement einer Kulturtechnik bekommt, wo Zuflucht vorm Schrecklichen geradewegs beim Schrecklichen gesucht wird. Der psychologische Name dafür: traumatischer Wiederholungszwang. Wir nehmen ihn gewöhnlich nur als Nervenzerrütter wahr: etwa an Kriegs- und Unfallopfern, die in peinigenden Angstträumen und Zwangshandlungen immer wieder in die Situation des traumatisierenden Schreckens zurückgeführt werden. In Wahrheit ist er das, was sich gegen die Zerrüttung wehrt, wie das Fieber gegen die Krankheit. Traumatisiert wird ein Organismus dann, wenn eine übermäßige Reizwelle auf ihn einstürmt, die sein Nervensystem nicht zu absorbieren vermag. Wie aber, wenn er es nachträglich dazu befähigt? Wenn er das Traumatisierende so lange wiederholt, bis es ihm gelungen ist, neuronale Netze zu seiner Kanalisierung anzulegen? Wenn er den Schrecken eigens reaktiviert, um ihn auf diese Weise allmählich abzubauen, um das Überwältigende an ihm zu bewältigen, das Unfaßliche faßlich zu machen, Ausdrucksformen, Worte, Bilder, Töne dafür zu finden? Dann ist im Wiederholungszwang jenes physiologische Raffinement, jene Selbstüberlistung der Natur am Werk, die man die kulturstiftende Kraft par excellence nennen darf.

Dieser Kraft entstammt auch die Musik. Ihr Ursprung liegt im dunkeln, ihre ersten Klänge kann niemand rekonstruieren. Ihr erster Nährboden hingegen läßt sich mit größter Wahrscheinlichkeit ausmachen. Die ältesten Musikinstrumente verraten ihn. Sie stehen in engstem Zusammenhang mit Opferzeremonien, sind fast ausnahmslos aus Überbleibseln von Schlachtopfern gefertigt: Flöten aus Knochen, Trommeln aus Fell, Hörner aus Hörnern, Saiten aus Darm. Opfer sind ritualisierter – um nicht zu sagen: rationalisierter – Wiederholungszwang. Sie geben der peinigenden inneren Nötigung, immer wieder Schreckliches zu begehen, um vom Schrecken loszukommen, einen Rahmen, einen festen Ablauf und vor allem einen höheren, sinnstiftenden Adressaten: göttliche Mächte, die zu ihrer Besänftigung blutige Opfer verlangen. Wenn Musikinstrumente zunächst Opferzubehör waren, dann kann Musik nur eines gewesen sein: Opferbegleitmusik, klangliche Modellierung der Erregung, die der Opfervollzug mit sich bringt.

Unter Ekstase versteht man heute gewöhnlich eine Art Ausflippen: in Rausch, Trance, Begeisterung, Wut oder Schmerz aus der Rolle fallen. Die rituelle Ekstase wollte ursprünglich jedoch gerade das Entgegengesetzte: nicht aus dem sozialen Korsett ausbrechen, sondern überhaupt erst einmal eines bilden; das menschliche Kollektiv so weit festigen, daß sein Nervensystem den Opfervollzug überhaupt aushielt. Darauf mußte man es einstellen, musikalisch gesprochen: einstimmen. Was heute noch am Anfang jedes Konzerts steht, dürfte auch am Anfang der Musik gestanden haben: das Stimmen. Nur mit unvergleichlich größerer Gewalt. Sich-Einstimmen war Teil eines umfassenden kollektiven Sich-Einschwörens, Sich-Versetzens in einen tranceartigen Zustand, zu dem bestimmte, immer wiederkehrende Klanggeräusche, gestische und mimische Bewegungen ebenso beitrugen wie Rauschmittel. Klanggeräusch ist ein Grenzbegriff. Er bezeichnet den Punkt, an dem aus der Fülle von natürlichen Geräuschen und Lauten die strukturierte, wiederholbare Klangfigur hervorzutreten beginnt. Wo die sich vom bloßen Laut und Geräusch abhebt, sei es durch Vibrierenlassen der Stimme oder Einwirken auf einen Resonanzkörper, da hebt Musik an, da findet jene autosuggestive, ekstatische Einstimmung statt, die archaische Kollektive zur Einstellung ihres Nervensystems aufs Opfer so bitter nötig hatten.

Einstimmung ist freilich nur Hinführung, und wohin die beim Opfergang führt, leidet keinen Zweifel: zur Schlachtung. Die aber bedarf erst recht der nervlichen Abfederung. Die akustische Einstimmung aufs Opfer läuft daher mit innerer Konsequenz auf einen Kulminationspunkt hinaus: die Übertönung des Opfers. Im Altgriechischen hat sich dafür geradezu ein Terminus technicus gebildet: *ololygé*, Opferschrei. Walter Burkert schildert in *Homo Necans* die Situation. Das Opfertier ist zur Opferstätte getrieben und präpariert worden. Die Gemeinde umringt es gespannt. »Jetzt erfolgt der tödliche Schlag. Die anwesenden Frauen schreien auf, schrill und laut: ob Schreck, ob Triumph, ob beides zugleich, der ›griechische Brauch des Opferschreis‹ markiert den emotionellen Höhepunkt des Vorgangs, indem er das Todesröcheln übertönt.« Übertönen heißt einen Laut durch einen lauteren unhörbar machen. Übertönen heißt aber auch, einen Klang durch andere anreichern, färben, überhöhen. Die *ololygé* tut beides zugleich. Sie leiht sowohl dem tödlich getroffenen Tier eine Stimme als auch dem tödlichen Schlag. Sie vibriert in der Schwebe zwischen Klage und Triumph, auf der Kippe vom Erregungslaut zur Klangfigur, ob selbst schon Musik oder noch Naturlaut, ist schwer zu sagen.

Warum aber griff das Opfern die frühen Menschen so an? Auch wenn es ein Jammer war, langgehegte, wohlgenährte Rinder blutdürstenden Göttern darzubringen statt sie selbst zu verzehren, ja womöglich, mit der Gefahr der Hungersnot, eine ganze Hundertschaft von ihnen schlachten zu müssen (*Hekatombe*, das altehrwürdige griechische Opfermaß, heißt »hundert Rinder«): Mußte die Opferprozedur derart an den Nerv gehen? Das begreift man nur, wenn man mitrechnet, daß noch die kostbarsten Opfertiere immer schon das Zweitkostbarste waren, was man darbrachte. *Hekatombe* bezeichnet nämlich schon eine Ablösesumme, ein Entgelt für etwas, was so grausig ist, daß man es selbst gar nicht nennen mochte: das Menschenopfer. Gäbe es in alten Rechtsordnungen zur Blutrache nicht die Bemerkung, daß hundert Rinder einen Menschen aufwiegen, geisterte durch die Mythologie nicht immer wieder das Motiv, daß eine Gottheit davon Abstand nimmt, Menschenblut zu fordern und sich mit Tierblut zufrieden gibt – das Menschenopfer hätte seine Spuren vollkommen verwischt. Es wäre sozusagen das perfekte Urverbrechen. Nichts verriete mehr, daß »erwählt« werden ursprünglich zum Opfer ausgewählt werden hieß und was für eine Zitterpartie das war. Entweder es trifft mich oder einen von uns, den wir uns vom Herzen reißen müssen, der für uns erleiden muß, wovon wir verschont bleiben wollen, und der uns gerade deshalb nicht erspart, daß wir ihn zur Opferstätte schleifen, festbinden und seinen Schrei hören müssen, wenn der tödliche Schlag erfolgt.

Nur zu verständlich, wenn man daran nicht mehr erinnert sein wollte, sobald man gelernt hatte, das Opfer zu »humanisieren«, will sagen, auf Tiere abzuwälzen. Aber es gibt auch ein unwillkürliches Gedächtnis, das tiefer sitzt als Worte. Musik ist ihm aufs innigste verbunden. Mehr noch als Sprache ist sie das Nachzittern verdrängten Grauens. Mit der Abwälzung des Opfers auf Tiere war das Menschenopfer ja nicht einfach aus der Welt, in seinem Ersatz vielmehr weiterhin präsent, weiterhin nervlicher Verarbeitung bedürftig. Ja, man wurde jetzt, wo es so weit weggeschoben war, daß es nicht mehr unmittelbar peinigte, zu seiner gründlichen Bearbeitung überhaupt erst fähig. Und so ist die Musik, die sich mit dem Tieropfer entfaltet, nachholende Modellierung einer Erregung, für die, als sie das Nervensystem ursprünglich ergriff, die Töne noch weitgehend fehlten. Angesichts des Tiers gelingt eher, was angesichts des Menschen über erste Ansätze wahrscheinlich nicht hinausgelangt ist: die dumpfen monotonen Schläge, die auf den tödlichen Schlag einstimmen sollen, in eine rhythmische Form zu bringen, nach der man sich bereitwillig bewegt, die das Führen des Opfers zur Opferstätte erleichtern und in eine Prozession verwandeln helfen – und die schließlich den Schrei des Opfers in einer zur Klangfigur auseinandergezogenen Klage enden lassen.

Anfangs war das Einstimmen, Einschwingen auf rhythmische Formen, ebenso wie die Klage, wahrscheinlich nicht mehr als eine Art verzweifelten nervlichen Kanalbaus zum Abfluß unerträglicher Reizüberschwemmungen. In dem Maße jedoch, wie das Kanalsystem zu funktionieren beginnt, wie es die Bedrohung, gegen die es errichtet ist, tatsächlich zurückdrängt, wird aus der Notwehrhandlung allmählich ein souveräner Akt. Es wird darin die eigene Kraft verspürt, die über Naturgewalten zu siegen vermag. Diese Kraft nun hebt an, sich ihrer selbst zu vergewissern, sich selbst darzustellen und zu genießen. Auch das geschieht im Modus der Wiederholung, aber wie anders! Der Wiederholungszwang ist hier schon so weit vorangeschritten, hat das Schreckliche so weit verblassen lassen, daß er triumphale Züge annimmt. Er wird zum Fest.

Kein Fest ist ohne Triumph. Der des Tieropfers über das Menschenopfer etwa drückt sich dergestalt aus, daß das Opfertier nicht nur geschlachtet, sondern auch ausgeschlachtet wird. Man macht aus seinen Rückständen nicht nur Werkzeuge und Waffen, sondern auch Ketten, Amulette, die man als Trophäen zur Schau trägt. Trophäen verhöhnen, was sie zeigen. Sie führen vor, wie sehr man es überwältigt hat, was man alles damit anstellen kann. Auch die ersten Musikinstrumente haben Trophäencharakter. »Seht, aus diesem Knochen, Fell, Horn, Darm bringen wir Klänge hervor«, ist ihre Botschaft. Und die Klänge gleichen sich dem an. Der Rhythmus bekommt etwas Auftrumpfendes, die Klage etwas Virtuoses. Sie drückt Schmerz und Schock nicht mehr nur aus, sie drückt sie auch weg, gewinnt Distanz, Abgeklärtheit, Unbeschwertheit, bis schließlich ihr Gegenteil aus ihr hervorbricht: der Jubel. »Das Halleluja wird gewöhnlich für einen Freudengesang gehalten«, sagt Marius Schneider. »Aber ist es nicht einer der Freude und zugleich des Schmerzes? Der Begriff *jubilare*, der einst ... den todbringenden Siegesschrei der Raubvögel bezeichnete *(jubilat miluus)*, wurde später in der Kirchensprache für das Halleluja gebräuchlich ... Bleibt hinzuzufügen, daß der Begriff *jubilare* ursprünglich verwandt ist mit *jugulare* (strangulieren), und daß das Verb *jubilo* wahrscheinlich die Formen *jubilaeus* und *jubilium* beeinflußt hat und das hebräische *iobel*, das mit *jodel* in Beziehung zu stehen scheint.«[1] Selbst wenn letzteres etymologisch zweifelhaft ist – schwerlich läßt sich wohl daran rütteln, daß das hebräische *alleluja* ein enger Verwandter der griechischen *ololygé* ist. Musikalischer Jubel ist zunächst einmal keineswegs Ausdruck unschuldiger Freude; er ist zur Klangfigur erhöhtes Triumphgeschrei.

Aber genauso wie dumpfe Einstimmung und schmerzliche Klage in Jubel umschlagen, bleibt auch der rohe Triumph nicht bei sich stehen. Aus den Zähnen wilder Tiere glänzende Ketten machen, aus ihren Knochen Flötentöne hervorbringen heißt zwar sie schänden, die Naturkraft in ihnen verhöhnen. Doch solcher Hohn steht an einem Kehrpunkt. Er versetzt die besiegte

---

[1] Marius Schneider, *Il significato della musica*. Milano: Rusconi 1970.

Tierkraft in einen Zustand, den am besten das Adjektiv »zierlich« ausdrückt. Zierlich heißt einerseits dasjenige, was schmückt, ziert, und der menschliche Urschmuck ist die Trophäe. Die Empfindung des Schönen beginnt als Empfindung des Sieges und nicht, wie Kant meinte, als »interesseloses Wohlgefallen«. Zierlich heißt aber auch zerbrechlich, zart. Und Trophäen sind als Zeugnisse des klein gemachten Gegners selbst tendenziell klein, handlich, jedenfalls weniger grob und stabil als Werkzeuge. Nur so kann man in ihnen die Gewalt genießen, die man über sie hat. Ihre Zerbrechlichkeit ist gerade ihre Qualität, das »Schöne« an ihnen, und um sie in diesen Zustand zu versetzen, ohne sie zu zerbrechen, muß man sie selbst behutsam behandeln. Aus der Brutalität des Triumphs beginnt deren Gegenteil aufzusteigen: Anmut, Harmonie, Wohlklang.

»Denn das Schöne ist nichts als des Schrecklichen Anfang, den wir noch grade ertragen«, sagt Rilke und stellt damit, auf geniale Weise, den historischen Verlauf auf den Kopf. Menschheitsgeschichtlich gesehen ist das Schöne natürlich des Schrecklichen Ende: das, was ihm entspringt, entsteigt. Es ist, als hätte Rilke dabei besonders an Musiker gedacht. Das Vibrieren des Tons ist immer auch das Nach- und Mitzittern dessen, was er überwunden hat. Das gilt, wie José Miguel Wisnik in seiner höchst originellen »Anderen Geschichte der Musik« gezeigt hat, sowohl physikalisch als auch geschichtlich.[2] Zunächst einmal sind Töne pulsierende Schallwellen. Zwischen den Pulsen ist Pause – Stille. Erst wenn sie mit einer gewissen Frequenz aufeinander folgen, werden sie als konstante Tonhöhe wahrgenommen. Der kontinuierliche Ton ist also bloß erhöhter Puls. Man hört ihn nicht mehr als Puls – gerade weil er so heftig pulsiert. Und wie die Tonhöhe über sich hinauszitternder Puls, so ist die Melodie, die gestaltete Abfolge von Tonhöhen, über sich hinausschwingender Rhythmus. Eine Unsitte daher, Klanggebilde so in Tonhöhe, Lautstärke, Rhythmik, Melodik, Harmonik auseinanderzulegen, als seien das einander äußerliche Parameter, als steckte nicht jedes von ihnen auch im andern, als gäbe es zwischen ihnen nicht jenes Phänomen, das in der Theologie *communicatio idiomatum* heißt: wechselseitige Mitteilung der Eigenschaften.

Die Verdichtung von pulsierenden Schallwellen zu bestimmten Tonhöhen, -intensitäten und -dauern, also die Erhebung vom Geräusch zur Klangfigur, zeichnet physikalisch, am akustischen Material, genau den Weg vor, den das opfernde Kollektiv geht, wenn es von der Einstimmung aufs Opfer bis zu seinem Vollzug voranschreitet. Hervorbringung des musikalischen Tons und Darbringung des Opfers sind zwei Seiten derselben Sache. Sie repräsentieren, interpretieren und verstärken einander. Und damit tut sich die geschichtliche Dimension im physikalischen Prozeß der Tonbildung auf. Wie die Musik das Geräusch überwinden muß, um überhaupt Musik zu werden, so muß sie das Schreckgestammel, das Triumphgeschrei überwinden, deren »Schauder binden«, wie es bei Schiller heißt, sie zur Klage, Sehnsucht, Freude sublimieren, um sich so allmählich das ganze Register ihrer Aus-

---

[2] José Miguel Wisnik, *O som e o sentido. Uma outra história das músicas*. São Paulo: Companhia das Letras 1989.

drucksmöglichkeiten zu erschließen. Alles aber, was sie auf diesem Wege überwindet, lagert sich in ihr auch ab. Es wird gleichsam zum Resonanzboden ihres aktuellen Klangs. Der aber gewinnt nur in dem Maße ergreifende Kraft, wie es ihm gelingt, seinen historischen Resonanzboden mitklingen zu lassen. Deshalb kann Musik als wortlose *mémoire involontaire* eine Intensität entfalten, die ihr meßbarer Klang allein nicht entfernt hergibt.

Dafür hat schon die Antike eindrückliche Beispiele, etwa den Dionysoskult, der von Kleinasien aus das »olympische« Griechenland eroberte. Für die sprichwörtliche dionysische Raserei, in die seine Teilnehmer sich steigerten, werden immer wieder zwei Stimulantien genannt: Wein und Flötenmusik. Daß Wein berauscht, leuchtet ein. Aber daß Flötentöne in höchste Ekstase versetzen konnten – noch Platon erachtet sie als staatsgefährdend und Aristoteles nennt sie schlicht »orgiastisch« –, das ist für lärmgewohnte moderne Gemüter schwer nachvollziehbar. Und es wäre schlechterdings unerfindlich, gäbe es im Hören nicht eine Gedächtnisdimension, die macht, daß man nicht nur vernimmt, was erklingt, sondern auch, was übertönt wird und nur nach- und mitzittert. Und was das gewesen sein könnte, darüber geben die Mythen, die sich um die altgriechische Flöte, den *aulos,* ranken, einigen Aufschluß. (Genau genommen ist *aulos* eine Art Oboe, schon aus Schilfrohr gefertigt, nicht mehr aus Knochen, auf vielen Vasen auch als Doppelaulos dargestellt.)

Da ist etwa die Geschichte vom Silen Marsyas, der im Gefolge der Kybele den *aulos* spielt, und zwar so berückend, daß ein musikalischer Wettstreit mit Apoll, dem Meister der Kithara, unausweichlich wird. Nur mit List siegt Apoll – und zieht Marsyas die Haut ab. Ein raffinierter Mythos. Der »Sieg« Apolls, also die Tatsache, daß, zumindest in einer bestimmten Gegend, der Apoll-Kult sich gegen das Vordringen des Kybele-Kults zu behaupten wußte, dient dazu, die Genealogie der Flötenmusik umzudrehen. Weil Marsyas flötet, wird er geschunden, behauptet der Mythos. Eine völlig unmotivierte Brutalität. Umgekehrt wird ein Schuh daraus. Weil die geschundene Menschengestalt so grauenhaft ist, wird geflötet. Die Flöte ist die Urform des »singenden Knochens«, von dem noch Mahlers *Klagendes Lied* ein einziger großer Nachhall ist. Und so erahnt man die ungeheure Wirkung des *aulos*-Tons nur dann, wenn man mitbedenkt, wie sehr er mit Geschichte vollgesogen war. Offenbar ist er noch lange so gemacht und gehört worden, daß er die Schinderei, das Menschenopfer, durch alle seine Übertönungen hindurchklingen ließ und damit in höchste Erregung versetzen konnte.

In einer Predigt des Kirchenvaters Augustin findet sich ein frappierender Vergleich für das christliche Erlösungswerk. Christus sei wie eine Trommel, deren Haut am Kreuz ausgespannt sei, sein gemarterter Leib wie ein Instrument, durch das die Musik (oder der Lärm) der Welt sich in einen Gesang der Gnade verwandle. Daß so Erlösung geschieht, ist mehr als fraglich; aber so geschieht Musik, so steigt sie auf: *de profundis* des Menschenopfers in die Höhen des Halleluja. Augustins Vergleich ist der äußerste Zeitraffer ihrer Genealogie. Wenn man ihre ersten stammelnden und schreienden Ausdrücke nicht ausblendet, wenn man sie genauso zur Geschichte der Musik zählt wie die ersten ungelenken Gehversuche zur Geschichte eines Menschen, wenn man sich ferner vergegenwärtigt, daß schon die sogenannte Antike, die wir gern als menschliche Frühzeit nehmen, auf die Gesamtgeschichte des Homo sapiens gerechnet bereits zur Spätzeit gehört, nicht zu reden von jener vergleichsweise kurzen Spanne des ausgehenden Mittelalters bis zur Gegenwart, die wir nur deshalb allzu gern mit *der* Geschichte der Musik verwechseln, weil erst sie uns in gewissem Umfang verrät, wie ihre Musik geklungen hat – dann erst ist die Perspektive erreicht, aus der sich die Tragweite sakraler Musik ermessen läßt.

Vier Punkte stechen damit hervor: daß erstens über sehr lange Zeit, die man wahrscheinlich besser in Zehntausenden als in Tausenden von Jahren rechnet, sakrale Musik mit Musik überhaupt identisch war; daß zweitens die Gleichsetzung von sakraler Musik mit Kirchenmusik ungefähr so ist, wie wenn man das Dutzend Rosen im eigenen Vorgarten für die Gesamtheit der Pflanzenwelt hält; daß drittens die gesamte profane Volksmusik nur in Brosamen besteht, die vom Tische der sakralen Musik abgefallen sind: Denn profan wird Musik, wenn die Erregung in ihr durch ständige ritualisierte Wiederholung so weit niedergespielt ist, daß sie in den alltäglichen Klang- und Bewegungshaushalt eines Kollektivs eingeht und aus dem sakralen Vollzug herausfällt; daß viertens auch die »absolute« Musik nur einer jener Volksmusik-Brosamen ist, die von der Sakralmusik abgefallen sind, nämlich Bürgermusik.

Allerdings ist dieser Brosamen ein ganz besonderer. Nicht daß Bürgermusik tatsächlich im wörtlichen Sinne absolut geworden wäre, nämlich »losgelöst« von aller Sakral- und Volksmusik. Deren Figuren haben nie aufgehört, in die »absolute« Musik hineinzuspielen. Keiner Fuge, keiner Sonate, keiner Symphonie ist es gelungen, die Charaktere von Marsch, Tanz, Lied ganz aus sich zu verbannen. Der Schlußsatz aus Beethovens Neunter läßt sich geradezu als Offenbarungseid der »absoluten« Musik interpretieren. Ihre eigene innere Dynamik führt sie an jenen Siedepunkt, wo der gleichsam unterm Deckel gehaltene Gesang aus ihr hervorbricht und im Halleluja für eine allegorische, menschheitsumschlingende Gottheit die verdrängte Sakralmusik ihre machtvolle Wiederkehr feiert. »Absolute« Musik war nie mehr als ein Programm, allerdings ein einmalig kühnes. Musik, die in den langen vorangegangenen Jahrtausenden nie etwas anderes als Begleitmusik war, soll zur Sache selbst werden. Man soll sich nicht bloß mit Musik zu etwas versammeln; man soll sich zur Musik versammeln – um ihretwillen. Sie soll nicht mehr bloß Einstimmung sein, sondern selbst das, worauf eingestimmt wird, nicht mehr nur Fluidum der Andacht, sondern deren Gegenstand. Ihre scheinbar so profanen Klänge steigen damit selbst in den Rang des Sakralen auf, das um seiner selbst willen genossen und verehrt sein will. Nur konsequent, daß eigene Kultstätten für sie gebaut werden: Konzertsäle.

Wie wenig allerdings die dort erklingende Musik einfach bloß Klang an und für sich ist, hat schon Nietzsche in *Menschliches, Allzumenschliches* (I, § 215) offengelegt. »Die Musik ist nicht an und für sich so bedeutungsvoll für unser Inneres, so tief erregend, daß sie als *unmittelbare* Sprache des Gefühls gelten dürfte; sondern ihre uralte Verbindung mit der Poesie hat so viel Symbolik in die rhythmische Bewegung, in Stärke und Schwäche des Tones gelegt, daß wir jetzt *wähnen*, sie spräche direct *zum* Inneren und käme *aus* dem Inneren ... Die ›absolute‹ Musik ist ... die ohne Poesie schon zum Verständniss redende Symbolik der Formen, nachdem in langer Entwickelung beide Künste verbunden waren und endlich die musicalische Form ganz mit Begriffs- und Gefühlsfäden durchsponnen ist.« Niemanden hätte diese Musik je zu Tränen rühren können, wenn es nicht diese Gefühlsfäden wären, die sie vibrieren läßt, und damit die in ihnen versponnene Geschichte. Die »absolute« Musik ergreift nur durch ihre Vorgeschichte. Gerade sie lebt in höchstem Maße von dem, was in ihr nach- und mitzittert. Und genau das macht ihr Problem aus: Sie lebt im Übermaß davon.

Wie eine »absolute« Geschichtswissenschaft – will sagen eine, die Vergangenes festhält, um Vergangenes festzuhalten – von den Stoffmassen der Geschichte überschüttet wird (Nietzsche hat das am Historismus vorgeführt), so wird eine »absolute« Musik, die aus jeglicher Begleitfunktion heraustritt und nur noch erklingt, um zu erklingen, von der Fülle ihrer Anklänge an Vergangenes erstickt. Alles in ihr droht zum Anklang zu werden – und damit nichts mehr. Sie versinkt in ihrer Geschichte, ihre Geschichte aber auch in ihr. Überfüllt von Geschichte wird sie geschichtslos – ein neutralisiertes, unverbindliches Nach- und Mitzittern von allem Möglichen. Musik tendiert zwar zur Absolutheit. Sobald sie genug eigene Kraft hat, will sie ihren subalternen Begleiterstatus loswerden, nicht mehr Knecht sein. Aber zum Herrsein ist sie nicht gemacht. Sie erträgt keine Absolutheit. Es ist nur ein glücklicher historischer Augenblick, ein *kairos*, in dem sie absolut scheint. Aber der läßt sich nicht festhalten. Deshalb ist die Erinnerung an ihn, der von den Namen Mozart, Beethoven und Schubert umstellt ist, mit einer besonderen Wehmut versetzt. Er ist unwiederbringlich.

Auf diesen *kairos* hat sich die Musik allerdings nicht erst in der Neuzeit hinbewegt, sondern schon im Christentum. Die christliche Musik hat einerseits nichts getan, als das Menschheitsopfer Christi in Töne zu setzen – ganz so, wie es Augustin vorschwebte. Um so bemerkenswerter, daß diese Töne so ganz anders geklungen haben müssen als jene orgiastischen, die im Dionysoskult das Menschenopfer übertönt haben. Warum eigentlich? Ist Menschenopfer nicht gleich Menschenopfer? Offenbar nicht. Der Tod Jesu von Nazareth war die qualvolle Hinrichtung eines Menschen, die seine Anhänger nachträglich als gottgewolltes Opfer interpretierten, um sie auszuhalten. Um so mehr ging ihnen ein schreiender Jesus auf den Nerv. Das älteste Evangelium, Markus, verzeichnet noch deutlich seinen offenbar markerschütternden Todesschrei. Bei Lukas stirbt er hingegen schon mit den ergebenen Psalmworten »In deine Hände befehle ich meinen Geist«, und bei Johannes heißt es nur noch: »Es ist vollbracht.« Drängt sich da nicht der Verdacht auf, daß die Unterdrückung dieses Schreis, die vom Markus- bis zum Johannes-Evangelium planmäßig voranschreitet, das geheime Prinzip der christlichen Musik ausmacht? Daß die Kantilene der Gnade, die nach Augustin aus dem geschundenen Leib Christi aufsteigt, seinen Schrei nur in dem Sinn übertönen soll, daß er unhörbar wird und die Gottgefälligkeit seines Todes nicht stört? Daß diesen Schrei zu unterdrücken nichts Geringeres bedeutet, als den Dämon des Zweifels zu unterdrücken, und daß dieser Dämon überall dort lauert, wo Lärm, also etwas Schreiähnliches, am Werk ist?

Der gregorianische Gesang erregt, wie Wisnik zeigt, diesen Verdacht aufs stärkste, »indem er die rhythmischen Perkussionsinstrumente beiseite läßt und seine ganze, rein phrasierende Rhythmik in den Dienst des melodisierenden Vortrags des heiligen Textes stellt ... Damit eröffnete er in gewisser Weise den Zyklus der modernen okzidentalen Musik, bereitete das Feld der tonalen Musik vor, ... wo die Melodie an die erste Stelle tritt und wo die Rhythmik nicht mehr die Autonomie und Zentralität hat, die sie vorher hatte. Sie dient nun zur Unterstützung für die harmonisierten Melodien.« Und diesen Untergang des Rhythmischen interpretiert Wisnik theologisch: als »Unterdrückung der Dämonen in der Musik, die vor allem in den tänzerischen Rhythmen und den vielfältigen Klangfarben wohnen und hier als Lärm begriffen werden«.

Erweist sich der gregorianische Gesang aber als die Eröffnung eines lärmgeschützten Tonraums, dessen Ausgestaltung die europäischen Musiker bis ins 19. Jahrhundert in Atem gehalten hat, dann offenbart sich schlagartig die enorme Sublimierungs- und Verdrängungsleistung, der sich die abendländische tonale Musik verdankt. Sie ist in mehrfacher Bedeutung Passionsmusik. Zunächst im unmittelbaren christlichen Sinn: Nachvollzug des Leidens Christi und seine Umschmelzung in einen Gnadengesang, wie es am reifsten die Bachschen Passionen tun. Sodann in dem Sinn, daß die musikalische Passion sich von der Passion Christi abzulösen beginnt und zum freien, auf kein Sujet mehr gehefteten Ausdruck des Gefühls wird, der in der »absoluten« Musik erklingt. Diese Passion ist inhaltlich unbestimmt, aber alles andere als regellos. Und die strengen tonalen Regeln, innerhalb deren sie sich entfaltet, werden von einer unausdrücklichen, aber allgegenwärtigen Direktive gelenkt: dem Lärmschutz.

Allerdings ist der lärmfreie Tonraum eine musikalische Falle. Theologisch ist er selbstverständlich geboten. Undenkbar, daß die Kantilene der Gnade aus etwas anderem besteht als geräuschfreien reinen Tönen. Doch, ach, es gibt hienieden keine reinen Töne, weder physikalisch noch moralisch. Kein Ton, der nicht mit Geräusch versetzt wäre, anderes mitklingen ließe als sich selbst, kein noch so glockenhelles Stimmchen, in dem sich nicht auch Verlangen, Begehren, Trieb ausdrückte. Der reine Ton ist, frei nach Nietzsche, die reine Lüge. Wenn aber die christlich-musikalische Passion nicht rein ist, hat sie es um so nötiger, sich ihre Reinheit zu beteuern. Dazu reicht auf die Dauer der gregorianische Singsang nicht aus, auch nicht seine Unterstützung durch Fiedeln und Flöten. Stärkere Dosen müssen her. Die musikalische Passion muß sich mit Pauken und Trompeten ihrer Authentizität versichern. Sie ruft selbst den Lärm herbei. Ihr Feind soll ihr Helfer in der Not sein. Die einleitenden Paukenschläge zu Bachs *Weihnachtsoratorium*, Herzschläge des passioniertesten musikalischen Jubels, sind auch der feierliche Einzug des Lärms in den lärmgeschützten Tonraum.

Wie es weitergegangen ist, erhellt ein Blick auf das Anschwellen des Orchesters von Bach bis Berlioz und Wagner, namentlich auf den Zuwachs an Baß- und Schlaginstrumenten. Auf dem Höhepunkt von Mahlers Sechster saust schließlich ein Holzhammer auf einen Klotz nieder. Peng. Ein trockener Schlag, ohne Nachhall, wie Becken, Triangel oder Xylophon ihn verbreiten, kündigt an, was an der Zeit ist: das Geräusch, der Lärm. Jene christliche Sublimierungs- und Verdrängungsleistung, die den lärmfreien Tonraum suggerierte, beginnt sich zu erschöpfen, und es ist nun nur noch ein Schritt zu Strawinskys *Sacre du printemps*. Ob dieser Schritt ein eindeutiger Fortschritt war, ist eine andere Frage. Schwer zu sagen, was bei seiner Uraufführung 1913 mehr Skandal machte: das Sujet oder die Musik, die Wiederkehr des Menschenopfers als musikalischer Urszene oder die Art, wie es klanglich gestaltet wurde. Das Mißverhältnis zwischen beiden erscheint vor allem im Rückblick kraß. Die Musik wirkt streckenweise geradezu zahm, »christlich« sozusagen, gemessen an dem Grauen, das sie darstellen soll. Es sprengt den traditionellen Tonraum weniger von innen auf, als daß es von außen mit modernsten technischen Mitteln bearbeitet wird. An radikaler Kraft steht *Sacre* den zeitgleichen Werken Schönbergs sicherlich nach. Dennoch gelingt ihm etwas, was über Schönberg weit hinausleuchtet, ja voraus bis ins 21. Jahrhundert: der Zusammenschluß von Menschenopfer und Lärm. Die Entfesselung des Schlagwerks, die Verrohung des Klangs, die hier den christlich-tonalen Raum entweiht, rührt zugleich die älteste Schicht der Musik wieder auf: die Einstimmung aufs Opfer und seine Übertönung. Es findet eine Profanisierung statt, die zugleich Resakralisierung ist.

Damit rückt das Verhältnis von tonal und atonal in eine weit umfassendere Perspektive ein. Eine Illusion, zu meinen, Atonalität könne als ein neues Paradigma, als eine eigene musikalische Sprache mit eigener Grammatik und Syntax, an die Stelle der Tonalität treten. Sie war nie mehr als deren Widerklang, und ihre großen Werke, von Schönberg bis Berg, zehren vom Nach- und Mitzittern der Tonalität in ihr. Ihre historische Rolle aber ist wahrscheinlich nur die, gleichsam die musikalische Ölschicht auf der wiederkehrenden Welle des Geräuschs gewesen zu sein. Daher ihr rasches Altern, das Adorno so scharf diagnostizierte, daher ihr schnelles Überspültwerden von einer Musik, die sich auf die Koordinaten von tonal und atonal nicht verrechnen läßt, die – wie die Elektronik des frühen Stockhausen oder die Cluster des frühen Ligeti – eine transtonale Rückannäherung an jenen Punkt einleiten, von dem alle musikalische Erregung lebt: den Übergang von Geräusch zu Musik.

Ob *Pacific 231*, Honeggers Nachahmung einer Dampflokomotive, musikalisch gelungen ist oder nicht – sie zeigt an, daß der tonale Raum etwas von sich ausgeschlossen hat, was schlechterdings nicht mehr wegzudenken ist: die Geräuschkulisse der modernen Maschinenwelt. Die Vorreiter der transtonalen Musik hatten ein Ohr dafür, daß diese Geräuschwelt ihr Recht verlangt. Der Einsatz des Samplers und Computers ist die Antwort darauf: der Versuch, die Geräuschwelt aufzufangen und klanglicher Gestaltung zuzuführen. »Komponieren heißt: ein Instrument bauen«, sagt Helmut Lachenmann. Auch darin berühren sich älteste und neueste Musik. Wie in menschlicher Urzeit das Schnitzen des Knochens zur Flöte, das Spannen des Fells zur Trommel integraler Bestandteil der Klangerzeugung war, so fallen am Computer das Erzeugen des Tonmaterials und seine kompositorische Verarbeitung bis zur Ununterscheidbarkeit ineinander.

Und noch ein Berührungspunkt fällt auf. Die Wiedergewinnung der Geräuschwelt für die Musik, die in isolierten Studios und kleinsten Insiderzirkeln begann, ist auf dem Weg, zu einer allgemeinen Hördisposition zu werden. Was ist Rap? Eine Wiederbelebung ältester musikalischer Impulse: die Überführung physischer Gewalt in Klanggewalt. Statt Faustschlägen Perkussionsschläge, aggressiv hervorgestoßene musikalisierte Texte, ein rhythmisch ebenso einseitiger Sprechgesang wie der gregorianische melodisch einseitig war. Was ist Techno? Eine Art musikalischer Herzschrittmacher, der mit einer bestimmten Pulsfrequenz in einen Erregungszustand zu versetzen vermag, wie herkömmliche serielle oder elektronische Musik ihn nicht entfernt erzeugen könnten. Es ist nicht zu leugnen: Rap und Techno führen an die Kraftquellen der Musik zurück. Das heißt nicht, daß sie das in vorbildlicher Weise tun. Am primitiven Grundmuster von Rap gibt es nichts schönzureden. Der bacchantische Taumel, in den Techno versetzt, ist ein äußerlich angedrehter. Die erregten Körper sind Anhängsel einer Maschinerie. Der Genuß, der ihnen zuteil wird, ist etwa auf dem Niveau eines erotischen Glücks, das durch Partialmassage der Sexualorgane erzeugt wird. Gleichwohl ist dieser Sound dicht an der Kraftquelle. Er kommt von ganz nah – und erinnert doch ans Fernste: ans Auftauchen der Klangfigur aus dem Geräusch, das der Opfervollzug einst erzwang. Ohne daß dies Fernste sie anrührt, ohne daß sie dies Fernste aufrührt, ist alle Musik hohl: »tönend Erz und klingende Schelle« (1. Korinther 13).

Also zurück zur Sakralmusik? Ja und nein. Nein, wenn sie als Zufluchtsstätte firmiert, als der Ort, an dem man endlich wieder musikalischen Opferweihrauch aufsteigen lassen kann, wie ihn etwa Messiaens Opernungetüm *Saint François d'Assise* verbreitet. Ja hingegen, wenn zur Sakralmusik zurückgekehrt wird, wie von Adrian Leverkühn vorexerziert: um laut werden zu lassen, was sich in der Sakralmusik gegen das Sakrale aufbäumt. Zwar hat Musik als finstere Opferbegleitmusik begonnen. Aber begleitete und übertönte sie die Opfer nicht nur, damit das Opfergrauen aufhöre und opferlosem Einklang mit der Natur weiche? Ist sie nicht das Loskommenwollen von sich selbst? Ja, nur deshalb ist Musik beim Sakralen nicht stehengeblieben und hat Anlauf zur »absoluten« Musik genommen. Seither ist das Sakrale nicht mehr ihr Asyl. Um so mehr erweist es sich als ihre Hypothek. Es erinnert sie daran, daß sie zur Absolutheit nicht gemacht ist, daß sie nicht um ihrer selbst willen da ist. Klang, bloß um zu klingen, ist belanglos. Er bedeutet nur solange etwas, wie er über sich hinausweist. Das heißt aber umgekehrt: Sobald in Musik mehr erklingt als sie selbst, läßt sie, ob sie will oder nicht, ihre sakrale Hypothek verspüren. Ihr ebenso physikalischer wie theologischer Grundimpuls wird vernehmbar: das Zittern um den Einklang.

KRITIK

Ökonomie. Eine Kolumne

Ironische Wirtschaftstheorie

VON DIRK BAECKER

Ökonomen sind hintergründige Leute. Daß Thomas Carlyle die Ökonomie einst die »traurige Wissenschaft« genannt hat, hat weniger damit zu tun, daß Ökonomen nicht zu Scherzen aufgelegt sind, als damit, daß man über ihre Scherze nicht so recht zu lachen weiß. Carlyle hat vermutlich einen besonderen Sinn für diese Art von Humor gehabt, hat er es sich doch in seinem wunderbaren Buch *Sartor Resartus* (1833/34) nicht nehmen lassen, eine Philosophie der Kleider zu fordern, die in allen wesentlichen Hinsichten verblüffende Ähnlichkeiten mit der damals bereits bekannten Philosophie des Geistes und einer schon erahnbaren Philosophie der Gesellschaft aufweist.

Einen der hintergründigsten Artikel der letzten Jahre haben Dhananjay K. Gode und Shyam Sunder veröffentlicht, die an den Business Schools der Universitäten von Rochester und von Yale lehren. Zwar muß man sich hier wie in vielen anderen Fällen ökonomischer Forschungsartikel durch eine Spezialistensprache hindurchfinden und sich mit einer Menge sehr spezieller Annahmen vertraut machen. Und nicht zuletzt muß man einen Sinn für die sogenannte experimentelle Ökonomie unter Einschluß von künstlicher Intelligenz entwickeln. Aber das ändert nichts an der Eindeutigkeit des Resultats: Nicht in der Intelligenz der Händler liegt die Bedingung dafür, daß Märkte effizient funktionieren, sondern in einem geschickten Design dieser Märkte selbst. Wenn letzteres vorliegt, können tumbe Maschinen mit einem minimalen Reaktionsprogramm dieselben Leistungen bringen wie hochsensible Menschen.[1]

Solche Forschungsergebnisse bleiben auch in der Ökonomie nicht unstrittig. Dave Cliff vom MIT Artificial Intelligence Lab und Janet Bruten von der Agent Technology Group an den Hewlett Packard Laboratorien in Bristol widersprachen den beiden Professoren und zeigten, daß unter der Voraussetzung einer Asymmetrie zwischen Marktnachfrage und Marktangebot die Marktergebnisse menschlicher Händler erst dann erreicht werden, wenn man die »zero-intelligence traders« mit einer einfachen Lernregel ausstattet und auf diese Art und Weise zu »zero-intelligence-plus traders« macht.[2]

Man muß sich den Spaß, den diese Art von Forschung macht, auf der Zunge zergehen lassen. Mit Sicherheit ist nicht beabsichtigt, wirtschaftlich Handelnden ihre Intelligenz abzusprechen. Allenfalls möchte man sie provozieren, wie man ja auch umgekehrt als Ökonom immer wieder erleben muß, daß die Praktiker sich über die Wissenschaftler lustig machen. Tatsächlich haben wechselseitige Sticheleien einen höheren heuristischen Stellenwert, als man meinen sollte, wenn man sich nur am Ernst der Wahrheit der Wissenschaft orientiert. Vor allem in Amerika, wo niemand am Wert der Ökonomie zweifelt, ist es fast unmöglich, auf eine Diskussion unter Ökonomen zu stoßen, die nicht voller Ironie sowohl ge-

---

[1] Vgl. Dhananjay K. Gode/Shyam Sunder, *Allocative Efficiency of Markets with Zero-Intelligence Traders.* In: *Journal of Political Economy,* Nr. 101, 1993, S. 119–137.

[2] Vgl. Dave Cliff/Janet Bruten, *Zero Is Not Enough.* http://hpl.hp.com/techreports/97/HPL-97-141.pdf.

genüber dem Gegenstand dieses Faches als auch gegenüber den eigenen Forschungsergebnissen ist.

In ihren besten Momenten hat die Ökonomie häufig etwas von diesem befremdlich wirkenden, aber gerade deswegen unverzichtbaren Humor. Man weiß nie genau, ob die seit Adam Smith sprichwörtliche »unsichtbare Hand« wegen ihrer Effizienz gefeiert oder wegen ihrer gnadenlosen Rücksichtslosigkeit gegenüber individuellen Motiven und menschlichen Hoffnungen verdammt wird. Insofern beerbt die Ökonomie mystische Rituale der Naturbeschwörung ebenso wie theologische Kalküle der Gottesverehrung, die ebenfalls bereits die Aufgabe hatten, die unerreichbaren Mächte zu verehren, günstig zu stimmen – und auf Abstand zu halten. In den Kategorien der europäischen Geistesgeschichte hat die Ökonomie daher viel mehr mit der Romantik als mit der Aufklärung zu tun. Sie glaubt nicht an die Transparenz aller Dinge, sondern an ihre segensreiche Undurchschaubarkeit. Wer dies für eine elitäre Haltung hält, hat Recht. Und wer dies für britisch hält, hat ebenfalls Recht. Denn diese Ökonomie hat etwas mit einer Kennerschaft zu tun, die nichts besser kennt als ihre eigenen Grenzen.

Auch die drei Basisaxiome der Ökonomie sind Beispiele für deren eigentümlichen Humor, für eine Ironie, bei der man sich nie sicher sein kann, wer ihre Zielscheibe ist; nicht zuletzt zielt sie auf sich selbst. Insofern ist die Ökonomie auch ein hervorragendes Beispiel für jenen Elementarakt der Rhetorik, der ein sich selbst aufhebendes Argument dort einsetzt, wo zuvor nur eine Leere zu finden war beziehungsweise geschaffen worden ist. Die Logik, der diese Rhetorik folgt, ist mit einem Wort Gotthard Günthers eine »kenogrammatische«: Sie rechnet mit Leerstellen, und seien es selbst geschaffene. Sie ist, wenn die Hegelsche Dialektik dies noch hergibt, die zur Aufhebung inverse Operation: ein Gründungsakt, der um seine eigene Kontingenz weiß, ein »Amerika«, wie es so nur die Philosophen kennen.[3]

Das erste Basisaxiom der Ökonomie ist jene Individualität, die bis in den »methodologischen Individualismus« hinein nicht nur das Weltbild der Ökonomie kennzeichnet, sondern auch ihren Modellen mikro- wie makroökonomischen Verhaltens zugrunde liegt. Bis heute wird dieser Individualismus, der für jedes relevante Ereignis einen identifizierbaren, individuell verkörperten, aller seiner Sinne mächtigen und präferenzbewußten Akteur fordert, gegen »holistische Mystifizismen« (Pavel Pelikan) verteidigt, in denen Organisationen, Institutionen, sogar Systemen so etwas wie eine eigene Beobachtungsfähigkeit und Entscheidungsfähigkeit zugesprochen wird. Das ist die Bewegung, die es der Ökonomie erlaubt, sich ihre eigene Romantik zu verstellen und sich für ein aufklärerisches Unternehmen zu halten. Da diese Bewegung niemals abgeschlossen werden kann, weil andernfalls auch der Glaube an die »unsichtbare Hand« abhanden käme, bleibt sie auf halber Strecke stecken und bewahrt die Romantik in der Form der Ironie. Logisch ein nur halb aufgehobener, also in einer qualifizierten Negation abgesicherter und dadurch in eine unkalkulierbare, vielleicht »prozessuale« Schwebe gebrachter Gründungsakt.

Friedrich August von Hayek hat denn auch in *Individualismus und wirtschaftliche Ordnung* den Individualismus nicht als Theorie individuellen Verhaltens beschrieben, sondern als Theorie der Gesellschaft. Über Individuen wird hier nur ausgesagt, daß es sie gibt. Und es muß sie auch geben, weil man sonst ökonomisch nicht wüßte, worauf die exogen gegebenen Präferenzen, die alle Grenznutzenkalküle erst zum Operieren bringen, sonst zurückzuführen wären. Vergessen ist die aristokratische Haltung,

---

[3] Vgl. Stanley Cavell, *This New Yet Unapproachable America*. Albuquerque: Living Batch 1989.

die im Dandy noch überlebte und die Beau Brummel in einer Geschichte von Oscar Wilde dazu bringt, sich auf einer Reise durch die schottische Seenplatte angesichts einer besonders schönen Aussicht zu seinem Diener umzudrehen und ihn zu fragen: »Which lake do I prefer?« Präferenzen sind etwas für Diener, weil man sie damit auf etwas festnageln kann.

Hayek wußte um diesen Subtext. Für ihn war der Individualismus die Konsequenz eines Liberalismus, der nicht etwa sicherstellen will, daß es allen Menschen immer besser gehen kann, sondern der sicherstellen will, daß jeder einzelne und womöglich schlechte Mensch unter allen Umständen den geringsten Schaden stiften kann. Der Liberalismus ist die Apotheose des Glaubens, daß es keine bessere soziale Kontrolle geben kann als die Nachbarschaft. Die Imitation durch die anderen und der Wettbewerb mit den anderen halten jedes einzelne Individuum besser bei der Stange und klopfen ihm verläßlicher auf die Finger als alle moralischen Appelle und politischen Überwachungen.

Der Witz dieser Beobachtung wird dadurch gesteigert, daß Hayek sie ausgerechnet 1945 formuliert, also wenige Jahre, nachdem Joseph A. Schumpeter, der zu den Begründern des methodologischen Individualismus zählt, sein Buch *Kapitalismus, Sozialismus und Demokratie* publiziert hat, in dem er nicht nur die Idee des Wettbewerbs als »Prozeß schöpferischer Zerstörung« formuliert, sondern auch stichhaltig begründet, daß der Sozialismus die einzig mögliche Zukunft eines sich selbst verzehrenden Kapitalismus ist. Wie beides mit dem Individualismus vereinbart werden kann, bleibt auch hier schleierhaft, aber wichtiger ist, daß Hayek seine gesellschaftliche Theorie individueller Spielräume in dem Moment formuliert, in dem es zu einer scheinbar individualistischen Theorie einer menschliche(re)n Gesellschaft

kaum noch eine intellektuelle Alternative gibt. Paradox sind beide Theorievarianten, aber das zeigt nur, wie stimmig sie sind. Der Individualismus, der hier vertreten wird, schmückt sich zwar mit den Evidenzen angeblicher anthropologischer Grundlagenforschung, aber dieser Appell an den gesunden Menschenverstand, diese Waffe im Umgang mit den ganz anderen, eher leidenschaftlichen als kalkulierenden Evidenzen der Adelsgesellschaft, verbirgt nur, daß es eigentlich um die Beobachtung einer unbeobachtbaren Gesellschaft geht.

Die Beobachtung Hayeks verhallt ungehört. Paradoxien können in einer historischen Situation, in der es um die Rettung der freien Welt geht, nur als verzichtbares intellektuelles Raffinement, wenn nicht sogar als gefährlicher Flirt mit der Frivolität gelten. Als Einsicht jedenfalls zählen sie nicht. Es dauerte Jahrzehnte, bis die Paradoxien auch als Erkenntnisinstrumente – von ihrer Tauglichkeit zur Beschreibung unserer Situation zu schweigen – so ernst genommen wurden, daß die Managementphilosophie eines Charles Handy *The Age of Paradox* (1994) ausrufen konnte.

Aber Hayek konnte sich auch deswegen zwar faktisch, aber nicht intellektuell durchsetzen, weil sich – der Nationalsozialismus und der Bolschewismus hatten daran keinen Zweifel gelassen – inzwischen nicht mehr das Problem stellte, wie individuelle Fehler durch Nachbarschaft kontrolliert, sondern wie ganze Nachbarschaften unter Kontrolle gebracht werden können. Und auch nachdem die freie Welt erst 1945 und dann 1989 gerettet werden konnte, ist die Frage nicht aus der Welt, wie das von dem Ökonom Michael C. Jensen wiederum mit treffsicherer Ironie genannte »exit problem« gelöst werden kann: daß dank Organisation individuelle Fehler sich zu ganzen Unternehmen, Behörden, Kirchen und Universitäten auswachsen können.[4] Wie wird man große Organisatio-

---

4 Vgl. Michael C. Jensen, *The Modern Industrial Revolution, Exit, and the Failure of Internal Control Systems*. In: *Journal of Finance*, Nr. 48, 1993, S. 831–880.

nen wieder los, deren Zusammenbruch zumindest kurzfristig üblere Konsequenzen hat als ihre dauernde Subvention?

Der Zusammenbruch des Sozialismus hat die eine Variante des Problems ja nicht gelöst, sondern erst einmal nur an den Tag gebracht. Was im Osten »Perestroika« und »Glasnost« hieß, hörte im Westen auf die Namen »shareholder value« und »auditing«: Letzterem hat der Ökonom Michael Power von der London School of Economics and Political Sciences ein eindrucksvolles Buch gewidmet.[5] Aber ob die Restrukturierungserfolge dieser Westvariante größer sind, ist nicht erwiesen. Die Ironie Hayeks hat sich denn auch inzwischen in die Ironie eines Neoliberalismus verflüchtigt, der in dem Moment, in dem sich Organisationsprobleme stellen, darauf beharrt, daß das eigentliche Problem die individuelle Machtlosigkeit ist.

Das zweite Basisaxiom der Ökonomie ist das der Rationalität, erfunden in einem Moment, in dem der wildgewordenen Industrialisierung, dem »runaway capitalism«, zu seinem eigenen Glück nur noch der Glaube fehlte, daß alles mit rechten Dingen zuginge. Zeig mir ein irrationales Verhalten, so ruft der Ökonom aus – handele es sich um eine riskante Investition, um eine Heirat, um einen kriminellen Akt, um die demokratischen Überzeugungen eines Wählers, um Altruismus oder um Egoismus[6] –, und ich zeige dir, welche Rationalität dahintersteckt. Der Trick ist ebenso simpel wie folgenreich. Der Ökonom abstrahiert von allen Inhalten des Verhaltens, denen Max Weber dann später im Gegenzug ihre »Wertrationalität« zubilligte, und stellt nur die Frage, ob die gewählten Zwecke mit den angemessenen, wohlgemerkt: zweckangemessenen Mitteln erreicht werden oder nicht. Die einzige

---

[5] Vgl. Michael Power, *The Audit Society*. Oxford: Oxford University Press 1997.
[6] Dies die Beispiele von Gary S. Becker, *Der ökonomische Ansatz zur Erklärung menschlichen Verhaltens*. Tübingen: Mohr 1982.

Franz Vonessen

Platons Ideenlehre

Wiederentdeckung eines verlorenen Wegs

Die Idee als Begriff zu begreifen hat den Zugang zur platonischen Lehre verbaut. Vonessen weist einen anderen, längst verlorenen Weg. Erstmals wird so wieder möglich, Platons Ideenlehre zu verstehen!

483 Seiten, Leinen
DM 48.–/sFr 45.–/öS 350.–
ISBN 3-906336-30-1

Zu beziehen über den Buchhandel
Gesamtprogramm bitte anfordern bei

Die Graue Edition
SFG-Servicecenter Fachverlage GmbH
Postfach 4343 · D-72774 Reutlingen

Abweichung, die von dieser Frage erlaubt ist, lautet, ob man angesichts der gegebenen Mittel nicht besser andere Zwecke verfolgen sollte. Die Rationalität führt in die Kompaktheit der einen und kontinuierlichen Welt den Bruch ein, die »ratio« der Unterscheidung von Zweck und Mitteln, und attestiert jedem, der diese Unterscheidung im Blick hat, eben dies: Rationalität.

Der springende Punkt an diesem Attest ist, daß es gesellschaftliche Verläßlichkeit und Berechenbarkeit verbürgen soll. Mit seinen Optimierungsrechnungen (bessere Mittel für die gegebenen Zwecke) und seinen Strategieempfehlungen (andere Zwecke angesichts der vorhandenen Mittel) liefert der Ökonom dem Unternehmen zu dessen Spekulationen das passende Kalkül. Auch hier liegt die Ironie nicht etwa darin, daß der Ökonom sich schützend vor den gesellschaftlich nur als Störung, als »Fremder« (Werner Sombart) bekannten Unternehmer stellt und ihm die Ideologie liefert, die dessen Gewinninteressen bemäntelt. Sondern die Ironie liegt darin, daß der Ökonom mit aller wünschenswerten Deutlichkeit die unternehmerische Operation offenlegt.

Denn wenn, abgesehen von der patriarchalisch mitgeführten Bereitschaft zur Übernahme gesellschaftlicher Verantwortung, nichts anderes zählt als die Treue zur Zweck/Mittel-Relation, dann weiß ich bereits jetzt, daß ich mich nicht darauf verlassen kann, daß die gerade noch verfolgten Zwecke nicht bereits im nächsten Moment gegen andere ausgetauscht werden, weil die gegebenen Mittel dies opportun erscheinen lassen, oder ob die einen Mittel gegen andere ausgetauscht werden, weil die Zwecke dies verlangen. Das Rationalitätsaxiom formuliert eine Austauschrelation. Und die ist kein logischer Spaß, sondern eine empirische Operation. Die Ökonomie macht nicht die Welt berechenbar, sondern den Sand, auf dem sie ins Rutschen gerät beziehungsweise sich »dynamisch restabilisiert«, so Niklas Luhmann in *Die Wirtschaft der Gesellschaft*.

Das dritte Basisaxiom der Ökonomie steht hinter diesen beiden um nichts zurück. Auch das Gleichgewichtsaxiom, wegen seiner offenkundigen Empirieferne so oft belächelt, belegt, daß die nachmarxsche Ökonomie ganz und gar nicht dem Verdikt einer Vulgärökonomie verfällt, sondern ihre eigene politische Ökonomie nicht nur enthält, sondern regelrecht ist. Das Gleichgewichtsaxiom belegt, daß Marktverhalten unter Bedingungen rational (!) agierender Individuen (!) dann zu einem Gleichgewicht tendiert, wenn es durch keinerlei externe Einflüsse gestört wird. Denn es wird sich ein Preis herausbilden, der die zu diesem Preis vorhandene Nachfrage mit dem zu diesem Preis vorhandenen Angebot deckt. Wer weniger zahlen will, kommt ebensowenig zum Zuge wie derjenige, der mehr haben will. Jedes Marktgleichgewicht realisiert einen Punkt inmitten einer riesigen Menge unbefriedigter Nachfrage und unbefriedigten Angebots. Die Theorie des Marktgleichgewichts ist eine Theorie vergessener Bedürfnisse und scheiternder Unternehmer. Was daran optimistisch stimmen soll, ist im nachhinein schwer nachzuvollziehen.

Tatsache ist jedoch, daß das Gleichgewichtsaxiom nur im Hinblick darauf gelesen wurde, daß die tatsächlich chaotischen Prozesse der Wirtschaft offensichtlich dennoch Gleichgewichte, also Ordnung, aufweisen.[7] Und nur darauf kam es an. Die Gleichgewichtsökonomie ist keine Theorie der Wirtschaft. Daran haben gerade Gleichgewichtsökonomen keinen Zweifel gelassen.[8] Sondern sie ist eine politische Ökonomie des Nachweises einer autonom lebensfähigen, Nachfrage

---

[7] Vgl. Paul Ormerod, *Butterfly Economics*. London: Faber & Faber 1998.
[8] Vgl. Frank Hahn, *On the Notion of Equilibrium in Economics*. Cambridge: Cambridge University Press 1973.

befriedigenden, paretoptimalen Wirtschaft. Wenn man den Preis zu zahlen gewillt ist, bekommt man es mit der Wirtschaft zu tun, für die man bezahlt hat.

Auch hier ist der Subtext hinreichend deutlich, um zum Stellenwert des Textes kaum noch Fragen offenzulassen. Als der Ökonom Ronald H. Coase die sogenannte Transaktionskostenökonomie mit der Frage einleitete, welchen Preis man eigentlich für das Preissystem zahlt,[9] hatte man nichts Eiligeres zu tun, als daraus eine »theory of the firm«, eine Unternehmenstheorie, abzuleiten, die man ihrerseits für ganz und gar ökonomisch halten konnte. Das Unternehmen, so auch Coase, setzt sich selbst an die Stelle des Preissystems (»supersession of the price mechanism«) und überläßt es dem Markt, also dem Marketing, herauszufinden, ob irgend jemand bereit ist, dafür den geforderten Preis zu zahlen.

Man kommt aus dem Staunen nicht heraus, wie diese Wissenschaft ihren Gegenstand nicht beschreibt, sondern schafft. Wenn man je Anlaß hat, an die Wirklichkeit stiftenden Effekte von Rhetorik zu glauben, hier werden sie handgreiflich.

Die Gleichgewichtsökonomie ist deswegen eine politische Ökonomie, weil sie der Politik mit Erfolg vorschreibt, sich darauf zu beschränken, den Rahmen von Eigentums- und Marktrechten zu schaffen und zu garantieren, innerhalb dessen dann diejenigen Preise gefunden werden können, die einige Glückliche zum Zuge kommen lassen. Allen anderen erzählen die Politiker, daß wir in einer Welt der knappen Güter leben, aber angesichts der realen Erfahrung von Wachstum (sogar der Einkommen) kein Anlaß zur Verzweiflung besteht. Wer immer strebend sich bemüht, dem wird es nicht nur irgendwann besser gehen, wie ihn alle anderen glauben machen, sondern den kann der Staat auf jeden Fall schon einmal besteuern. So zumindest hat Niklas Luhmann das Basisprogramm des Kapitalismus formuliert.

Es fällt schwer, sich vorzustellen, was jemals an die Stelle dieser Ökonomie treten soll. Wir haben es mit einer intellektuellen Glanzleistung zu tun, die mit großer Treffsicherheit genau dort formuliert wird, wo diese Gesellschaft ihre verläßlichsten blinden Flecken hat. Sicher kann man bedauern, daß sie uns eine Theorie der Wirtschaft bisher eher vorenthalten hat. Aber muß man nicht um so mehr bewundern, daß sie bereits eine Theorie der Form der Wirtschaft war, als noch niemand etwas von einem Formbegriff ahnte, der die Zweiseitigkeit aller Phänomene mathematisch auf den Begriff brachte?[10] Die Ökonomie war immer schon um so verläßlicher eine Theorie der Wirtschaft-in-Gesellschaft, wenn nicht sogar eine Theorie der Gesellschaft-als-Wirtschaft, als sie jede Theorie der Gesellschaft strikt ablehnte, ja alles Soziale und Gesellschaftliche seit den Zeiten von John Stuart Mill zu den bloßen »customs« zählte, den Sitten und Gebräuchen, die um so rührender sind, je mehr man sie hinter sich läßt. Sie selbst zählt zu diesen Sitten und Gebräuchen, und schon deswegen müssen wir uns genauer anschauen, was sie eigentlich treibt. Vilfredo Pareto wußte, daß es die »residuals« sind, aus denen eine Theorie der Wirtschaft der Gesellschaft abgeleitet werden kann. Vielleicht ist dies ein geeignetes Motto für die nächsten Folgen dieser Kolumne.

---

[9] Vgl. Ronald H. Coase, *The Firm, the Market, and the Law*. Chicago: Chicago University Press 1988.
[10] Die Rede ist von George Spencer-Brown, *Laws of Form. Gesetze der Form*. Lübeck: Bohmeier 1997.

Ästhetik. Eine Kolumne

Am anderen Ende der Welt

Von Ulf Erdmann Ziegler

Wer davon spricht, in Zukunft eine große Reise zu machen, kann sich entschiedener Reaktionen sicher sein. Die einen werden einen offen beneiden, die anderen erinnern an die Strapazen, die damit verbunden sind. Irgendwie hatte ich geahnt, daß hinter dem Gewinn an Erfahrung ein Verlust an Sinn lauern könnte und meine Reise deshalb unter das Motto der Weltreise gestellt, ein Begriff, der keinerlei Erläuterung braucht. Ideengeschichtlich ist er offensichtlich patentiert.

Unbekannte, die ich auf langen Flugstrecken traf, assoziierten mit Weltreise eine Unternehmung von großer Dauer, oder präziser, von einem Jahr. Der Begriff weckt also die Vorstellung eines Zusammenhangs, der als Entität darzustellen ist, und wenn die »Welt« und das »Jahr« schon gekoppelt sind, fehlt eigentlich nur noch das »Ich«. Diese Reise, wenn sie Sinn macht, ist eine Reise zu dir selbst. Am Ende, wenn sich die Katze in den Schwanz beißt, wirst du dein Ziel gefunden haben.

Im Flugwesen ist die Weltreise ein ungenutztes Format, denn wer ein Globetrotter werden will, läßt sich auf den behäbigen Vorausbuchungsmodus der Fluggesellschaften nicht ein, und wer geschäftlich weit reisen muß, wird sich mit zeitraubenden Zwischenstops nicht aufhalten. Meine Reise, gegen diesen Normdruck geplant, hatte eigentlich den Zweck, eine kulturdiplomatische Ausstellung zu begleiten, deren erste internationale Station genausogut Helsinki hätte sein können wie Wellington auf Neuseeland. In diesem Fall war es Neuseeland, und jeder, der einen Globus besitzt, kann sich vergewissern, daß es von Mitteleuropa aus gesehen genau am anderen Ende zu finden ist, gänzlich »down under«. Womit eine Chiffre bezeichnet ist, die durch diese Reise zu Fall gebracht werden sollte. Der intellektuelle Zweck war mit dem praktischen nicht identisch.

Eines der Vergnügen von Flugreisen besteht in der Plötzlichkeit der Ankunft, die etwa nach dem raschen Muster des »Aufbaus« eines Bildes auf dem Schirm die physische Welt vor den Augen ordnet, wobei man mit einer Mischung aus Erleichterung und Staunen die Umstände vorfindet, die zu erwarten waren: daß wirklich Englisch gesprochen und auf der linken Seite gefahren wird; daß die Sonne, im Osten aufgegangen, tatsächlich zum Mittag gen Norden wandert. Schwieriger ist der Umgang mit Bildern, die dem Reisenden vorab eingespeichert wurden und die sich nicht materialisieren. Die Tourismusbroschüren Neuseelands beharren gewissermaßen darauf, daß man in inniger Umarmung mit Delphinen beim täglichen Bungeejumping »die Seele baumeln« lassen könne oder vielmehr müsse.

Wellington darf man sich vorstellen wie ein kleines San Francisco, mit sowohl See- wie auch Buchtlage, teils sehr steil, eine Menge Holzhäuser und kleine Villen im Kolonialstil. Die stolzen weißen Fähren symbolisieren, daß Wellington als südlichster Punkt der Nordinsel den Kontakt zur Südinsel hält. Als Regierungssitz hat es eine hochmoderne Nationalbibliothek und zwei Universitäten, konkurrierende Fernsehsender und eine solide zeitgenössische Rockband namens Fur Patrol, die von einer elektrogitarrespielenden Sängerin dominiert wird.

Ein Zufall wollte, daß ich die Gruppe bei einem mehrstündigen Konzert in der Aula der Victoria University beobachten konnte, mit dem sie sich für unbestimmte Zeit von ihrem treuen Publikum verabschiedete, um auf Tournee zu gehen. Wer in Neuseeland nationale Bedeutung errungen hat, versucht es als nächstes in Australien. Trägt man zusammen, was in Neuseeland über Australien gesagt wird (in bezug auf Kunst und Musik, Wirtschaft und Urbanität), beginnt man sich ein mächtiges Imperium vorzustellen – Frankreich und Deutschland in Union, zum Beispiel. Während die Neuseeländer über ihr eigenes Land denken, daß sie es mit dreieinhalb Millionen Leuten nirgendwo auf eine Dichte bringen, die international konkurrieren könnte, gilt der gleiche Verdacht für Australien im Prinzip nicht (achtzehn Millionen Einwohner auf dem ganzen Kontinent); in einem sekundären Reflex aber doch, wenn es darum geht, die gesamte ozeanische Region gegen Europa und die USA nachteilig abzusetzen.

Über dieses Selbstbild kann man sich nur wundern, gemessen an den Themen, die diskutiert werden, und den Konsumgütern, die vorhanden sind; bereichert durch die kulturelle Spezifik, die die Maori ins nationale Gefüge bringen, inklusive einer eigenen Sprache. Ohne Zweifel sind die Akademiker angeschlossen an die internationalen Debatten, und viele Mittelständler in Serviceberufen haben Jahre und Jahrzehnte »abroad« verbracht. Umgekehrt sind eine Menge Engländer zugewandert, was wahrscheinlich an der alten Commonwealth-Bindung liegt, die offiziell auch noch nicht gekappt ist. Während ich als Weltreisender gehofft hatte, von Neuseeland aus die zentraleuropäische Perspektive in Frage zu stellen, wird sie mir statt dessen fast ungebrochen gespiegelt. Man meint dort nicht, durch Austausch und Migration ein legitimer Outpost der westlichen Zivilisation zu sein, sondern imaginiert sich in verblüffender Parallele zum europäischen Globe-Jetter selbst, von dem man sich als Neuseeländer nur darin unterscheidet, daß man nicht wie er nach Europa »zurückkehrt« oder nach Australien »weiterreist«. Vielleicht kommt daher die nationale Begeisterung für den Wandervogel namens Gannet, der ein paar Jahre seines Lebens in Australien verbringt, aber – sofern die Kräfte reichen – nach Neuseeland zurückkehrt, um dort in gewaltigen Dünenkolonien bestens gehütet und geschützt zu brüten.

Meine Reise hatte ich so ausgelegt, daß ich in der horizontalen Ordnung des Globus ausschließlich westwärts fliegen mußte, wobei mir die Verwirrung einer Angestellten ausgerechnet des australischen Reisebüros in Frankfurt kaum zu erklären war, die mir sagte, sie wisse nicht, wo Westen und wo Osten ist. Meine Vermutung, daß sie über Frankfurt-City noch nicht hinausgekommen wäre, erwies sich als falsch; sie war extensiv global gereist. Ein anderer Umstand, den ich mir mühsam erschlossen hatte, war die Existenz der Zeitgrenze. Ich hatte schon davon gehört, daß man von Neuseeland aus mit einem Westflug über vierzig Stunden lang Sylvester feiern kann, oder Geburtstag, solche Sachen. Für mein Flugcurriculum bedeutete die Datumsgrenze – sie liegt im Pazifik, unweit von Honolulu –, das Verschwinden eines Tages in einer Nacht. Am Abend des 4. in Los Angeles losgeflogen, kam ich nach einem zwölfstündigen Flug am Morgen des 6. in Auckland, Neuseeland, an. Die Sache leuchtet mir insofern ein, als der 5. mich sehr wohl in Los Angeles erreicht hätte, wenn ich nicht westwärts vor ihm geflohen wäre; wobei das »westwärts« sich an der Datumsgrenze auflöst, indem die polare Bestimmung der Himmelsrichtungen sich dort wie in einem Reißverschluß trifft.

Unter dem Druck solcher Einsichten muß die junge Frau vom australischen Reisebüro sich von den Himmelsrichtungen als Orientierung verabschiedet haben. Leider vergaß ich, meinen Kompaß mitzunehmen, so daß mir die Einsicht, ob es magnetisch in bezug auf den Norden und den Süden möglicherweise auch Irritationen gibt, entgangen ist. Ein naturkundlich außerordentlich gebildeter Chauffeur in Neuseeland behauptete, daß in der südlichen Hemisphäre das Wasser im Abfluß in der umgekehrten Richtung, also nicht im Uhrzeigersinn, verschwindet, was ich zunächst für einen Scherz hielt.

Wie Tucholsky mit seiner Bemerkung über die unvermeidliche Bahnfahrt zweiter Klasse schon festgehalten hat, ist Reisen das Gegenteil von Lesen. Man liest vorher, um nicht die dümmsten Fehler anderer Reisender zu wiederholen, aber niemals ergibt sich die Einsicht, daß ein Ort trefflich und vollständig beschrieben worden und deshalb die Besichtigung überflüssig geworden sei. Selbstverständlich ist für den schreibenden Menschen die Empirie jenseits des bereits Notierten zweckgebunden, und wird dazu führen, die Beschreibung des Ortes zu revidieren – der moderne Reiseführer bietet in der Nähe des Impressums eine Liste mit Namen tatkräftiger Schreiber an, die bei der Revision vergangener Auflagen ausgeholfen haben –, oder der Schreibreisende versucht, das Gelesene und das Gesehene zu einer Erfahrung zu amalgamieren, die er als individuelle aufbereitet und ausgibt, als sei er überhaupt der Erste, der Nachrichten aus Neuseeland oder Japan mit nach Hause bringt.

Beides sind Inselstaaten, die auf eurozentrierten Weltkarten in rechter Randlage abgebildet werden. So gesehen war es eine Genugtuung, in der Kartenabteilung eines Kaufhauses in Kioto eine einheimische Weltkarte zu finden, die Japan in die Mitte stellt und damit zwangsläufig die imaginäre Brücke kappt, die die Weltvorstellung zumindest meiner Generation geprägt hat, die zwischen Europa und den USA.

Allerdings sind die USA schon seit zwei Jahrzehnten nicht mehr jener Bezug, jenes andere Land, von dem wir Exotisches zu berichten wüßten. Es hätte sich vielleicht angeboten, daß ein anderes Land der Neuen Welt an die Stelle treten könnte, und eine kleine Welle australisch-neuseeländischer Filme vor nicht ganz zehn Jahren weckte entsprechende Erwartungen. Tatsächlich aber stehen wir unter dem Bann Japans, das ethno-ästhetisch genau den Platz einnimmt, den geophysisch Neuseeland behauptet, nämlich am anderen Ende der Welt zu sein. Es ist erstaunlich, wie dringende Themen in Geschäftsbesprechungen beiseite gelegt werden, oder wie das Gebrabbel der Partyrunden zum Erliegen kommt, wenn gerade eine alte oder neue These zu Japan geschwungen wird. Eine neue ist dabei, das versteht sich von selbst, schwierig zu haben. Die Sache ist aber insofern immer vertrackt, als Japan offensichtlich höchst unterschiedliche Vorstellungen wachruft, die sich nur mittels elaborierter Hilfskonstruktionen versöhnen lassen. Was auch immer Japan »in Wirklichkeit« ist, bei uns ist es ein Diskursbrunnen, der erhebliche Mengen von Einsichten, Splittermeinungen und verwegenen Gewißheiten aufnimmt, bevor man in der Tiefe auch nur den Hauch dessen vernehmen könnte, was als Klang des »one hand clapping« zu deuten wäre.

Debatten um Japan kann man nur »gewinnen«, wenn man behauptet, dort gewesen zu sein; aber schon meldet sich jemand, der ebenfalls dort war, und zwei Laien kämpfen um den Bestand ihrer Beobachtungen vor den Ohren der anderen Laien, die sich oftmals substantielle Fachmeinungen angelesen haben, von denen sich die Augenzeugen wiederum verwirren lassen. Der interessanteste Aspekt Japans, so tönt es jedenfalls seit Jahren, sei der Umstand, daß die Japaner sich in einer schweren Kulturkrise befänden, indem sie sich von ihren verbürgten östlichen Traditionen unter Schmerzen verabschiedeten und zwanghaft, wenn auch nicht frei von Lust, sich den Lebensformen des Westen zuwendeten. Das jedenfalls hatte ich vorausgesetzt, als das Flugzeug von Australien kommend zur Landung in Narita ansetzte. Die Vorstellung war mir gar nicht unangenehm, denn wenn auch die Amerikaner das feudale Japan gegen seinen Willen irgendwann »geöffnet« haben sollten, wäre ich in einem solchen Kulturkonflikt dennoch nicht die Entsprechung zum Bleichgesicht im politisch korrekten (oder korrigierten) Diskurs der ehemaligen Kolonien, sondern eher der Vertreter einer immer noch unvermeidlichen Zukunft. Über die ich zwangsläufig mehr wüßte als die Japaner, die in diesem Modell ihr Profil als Konfliktavantgardisten bitteschön gebührend zur Schau tragen sollten.

Der Eindruck ließ sich nicht bestätigen. Die Japaner schienen mit dem Umstand, in einem Kulturkonflikt zu leben, kein irgendwie erkennbares Problem zu haben. Umgekehrt war das Erlebnis der Sprachbarriere gravierender, als ich es mir je hätte vorstellen können. In leicht gedrückter Stimmung stand ich an meinem ersten Abend vor dem völlig stummen und lichtlosen Fahrkartenautomaten eines großstädtischen Verkehrsbetriebs, dessen umfangreiche Anweisungen nicht einen Buchstaben lateinischer Schrift darboten. Ich ging dann zu Fuß »nach Hause«, in eine strenge Herberge mit Tatami und Schiebetüren, die ich mir selbst ausgesucht hatte, in Unkenntnis des Umstandes, daß sie um elf Uhr abends einfach schließt.

Während ich also durch die dünnen Wände des Holzbaus begann, mich auf den japanischen Alltag und die westlichen Gäste einzuhören, dämmerte mir, daß der Kulturkonflikt der Konfliktavantgardisten diesen mehr gehört, als mir lieb sein kann. Der Radius dessen, was, ob umstritten oder nicht, längst japanisch ist, kam mir plötzlich ungeheuer viel größer vor, und während die anfängliche Bedrückung in den kommenden Tagen von mir wich, versuchte ich mir klarzumachen, daß mein Ausschluß selbst gewählt oder jedenfalls selbst verschuldet war. Ich hätte ja, statt Reportagen, Reiseführer und Theorien zu lesen, wenigstens die einfachen Sätze Japanisch von einer Kassette lernen können. Jedenfalls konnte ich nicht verlangen, dafür Kredit zu bekommen, daß ich Bruno Taut und Roland Barthes und Uwe Schmitt studiert hatte.

Mindestens so sehr wie ich beschäftigt war, sogenannte neue Eindrücke zu verarbeiten – das Wort »Kulturschock«, das ich immer für eine Phrase gehalten hatte, fing zu blühen an wie die ersten Kirschbäume –, mußte ich versuchen, angelesene Eindrücke richtigzustellen. Zum Beispiel hatte ich gelesen, daß die Japaner sich vor dem Bad säubern, dann baden, und sich dann noch einmal säubern, wobei mein Reiseführer vergessen hatte darauf hinzuweisen, daß man im Bad der traditionellen Herberge, Ryokan, gar keine Badewanne findet, sondern ein penibel abgedecktes flaches Becken mit irgendwie gewürztem heißem Wasser, in dem sich zu seifen einem sowenig einfallen würde wie etwa in einer finnischen Sauna sich zu rasieren.

Obwohl ich selbst dem geneigten Publikum gern erkläre, was für eine künstliche Darstellung existierender Schauplätze Fotografien sein können, hatte ich dennoch die enorme Tristesse in den Fotografien des Meisters Nobuyoshi Araki übersehen; oder vielmehr nicht übersehen, sondern für ein mentales Konstrukt gehalten. Zu meiner größten Überraschung waren die japanischen Stadtlandschaften mit Abstand das Häßlichste, was ich je auf Reisen gesehen hatte, von den Favelas von Caracas bis zu den Phantasien von Beverly Hills. Keine der Laienfachmeinungen zu Japan hatte mich darauf vorbereitet, in welch unglückliche Materialien die Häuser verpackt sind, mit wackligen Schiebefenstern, dahinter vergilbte Gardinen; man muß tief ins Sauerland fahren oder sich in den heruntergekommenen Nestern Südbelgiens umsehen, um in Europa Entsprechungen derartig verhärmter Fassaden zu finden.

Selbstverständlich kann man diese Beobachtung relativieren, wenn man auf die Dichte der Bebauung und – gravierender – der Nutzung hinweist. Es ist wirklich so, daß jeder Quadratmeter vergeben ist, was man spätestens merkt, wenn Regen einsetzt und man einen Unterstand sucht: Zwischen dem öffentlichen Raum und dem privaten ist kein Platz. Die beschauliche Seite dieses Umstands ist, daß man bis in den späten Abend Leute in kleinen Betrieben handwerkliche Arbeiten ausführen sieht,

Bambusrohre zuschneiden oder die Tatami (die schweren Matten) zusammennageln.

Der Vergleich der Inselnationen sollte nicht zu einer Privilegierung führen und tut es auch nicht, obwohl der Umstand, daß Japaner in sichtbarer Zahl in Neuseeland siedeln, durchaus begreiflich erscheint; sie versuchen, wie ein Gewährsmann in Wellington cool registrierte, der »rat race« zu entkommen. Sie fügen sich, nicht anders als in Kalifornien, nahtlos ein in das Muster der Neuen Welt – das urbane Konzept suburbaner Städte –, eine Ästhetik, die durch den amerikanischen Familienfilm so gründlich vertraut ist und die man in Neuseeland in so viel klarerer Form noch findet als in den USA selbst. Jedenfalls habe ich aus der Neuen Welt die Idee einer pragmatischen Lebensform im Angesicht einer offenen Natur gewonnen; vielleicht werde ich von Japan lernen müssen, diese Vorstellung als illusionär zu entlarven.

Schwarze Zuckerwatte

Anmerkungen zu W. G. Sebald

Von Thomas Wirtz

Am Anfang ist die Leiche. Von Beginn an haben die vier Männergeschichten, die der Schriftsteller W. G. Sebald zu seinem wohl schönsten Buch *Die Ausgewanderten* zusammentrug, ihre Helden an den Tod verloren. Das ist kein Zufall, auch nicht das erwartbare Ende eines Lebenswegs. Sebalds Tote, und erst das macht sie gegen alle Abweichungen in Herkunft und Werdegang zu Angehörigen einer einzigen Familie, sind es bereits zu Lebzeiten. Was sie irgendwann mit eigener Hand an sich exekutieren, ist nur der nacheilende Gehorsam gegen ein lebenslängliches Verhängnis. So legt der Volksschullehrer Paul Bereyter den Kopf auf die Schienen, Hubert Selwyn das Kinn auf die Mündung seines Jagdgewehrs, und beide vollstrecken damit, was die saturnische Stunde ihrer Geburt ihnen schon lange als Gewißheit aufgebürdet hatte.

Es konnte nichts anders kommen: Das macht das Unaufgeregte dieses Ablebens aus, die Nachricht wird eher beiläufig mitgeteilt und macht weder für die Überlebenden noch den Toten selbst eigentlich Epoche. Am Abgestorbensein, das Sebalds Figuren seit der ersten Zeile anhängt, ändert sich durch die vollbrachte Tat nichts, sie macht nur auf dem Totenschein ablesbar, was als innere Erfahrung schon lange ertragen werden mußte.

Sebalds soeben erschienenes Buch *Austerlitz* – er selbst spricht von einem »Prosabuch unbestimmter Art«, angesiedelt im Niemandsland zwischen Dokument und Fiktion – kann man als Poetik dieses eigenwilligen Schriftstellers verstehen, als bis zum literarischen Scheitern konsequentes Programm einer unrettbaren Traurigkeit.[1] Der Tod, so gilt auch für dieses Sebaldsche Buch, ist erst der Anfang. Denn mit ihm tritt eine andere Figur in ihr Berufsrecht, die zuvor verdeckt arbeiten mußte: der Detektiv. Er ist eine Figur der Nachträglichkeit, der habituellen Verspätung, anwesend vielleicht schon als Augenzeuge, ohne

---

[1] W. G. Sebald, *Austerlitz*. München: Hanser 2001.

rettend in die Lebensgeschichte eingreifen zu können. Sein Tag- und Nachtwerk beginnt, wenn nichts mehr zu retten ist. Das macht ihn zu einem rückwärtsgewandten Propheten, der aus vergangenen Spuren beweisen muß, daß es gar nicht anders als zu solch schlimmem Ende kommen konnte.

Diese notorische Verspätung, die den Detektiv wie den Historiographen zu einem Wanderer zwischen Tatorten hat werden lassen, läßt ihn als eine moralisch zweifelhafte Figur erscheinen. Anders als der Staatsanwalt, der auf den Täter unbedingt fixiert ist, weil ihn die Frage nach der abzutragenden Schuld umtreibt, besitzt der ermittelnde Detektiv eine Vorliebe fürs Technische, den Tathergang. Diesseits der letzten Fragen nach der Verantwortung will er wissen, wie das tödliche Geschehen seinen Lauf nahm. Das erklärt seine Liebe zum minimalistischen Indiz wie zuweilen seine moralische Nachlässigkeit. Als Modellbauer und nachträglicher Ingenieur der Tat resigniert er vor dem verhängten Ende. Diese Anhänglichkeit an das Faktum nimmt ihm das Bedürfnis zur staatsanwaltlichen Rache. Vor das Verstehen hat Sebald in seinen besten Büchern die Rekonstruktion gesetzt, eine technische Tugend, die Pfade durch unbetretene Archive anlegt.

So verfällt der Sebald-Leser, dem das Grauen wie nichts in der Welt vertraut ist und der die unendlichen Schattierungen der Schwärze kennengelernt hat, allzu leicht einer Täuschung: Hineingezogen und gefangen von der wirklich wunderbaren Satzmelodie, glaubt er einem unbedingt moralischen Erzählen beizuwohnen, einer Art Weißem Ring der hohen Literatur, der sich um die Opfer der nationalsozialistischen Menschheitsverbrechen bekümmert. Diese Anständigkeit aber, die von der großen Katastrophe nur das wissen will, was sie den Einzelnen an Glück gekostet hat, ist eine prekäre. Denn Sebalds Einfühlung, die Geschichtsschuld auf sich nimmt und durch Beharrlichkeit in den Nachforschungen sühnt, ist durchaus voreingenommen: Sie zieht die Toten vor. Die Tatsache des Exils, so zeigten es seine *Ausgewanderten*, reicht alleine nicht aus, aus dem Interesse für das geschichtlich beschädigte Leben eine Obsession zu machen. Erst der Tod macht aus dem Fremden einen archivalischen Fall, er allein stellt die Lizenz zur biographischen Nachbohrung aus und verwandelt den Bekannten in ein erstarrtes Präparat, dem der detektivische Ich-Erzähler mit seinem Besteck zu kaltgewordenem Leibe rückt. Und Besteck durchaus in einem doppelten Sinne, nämlich als Instrument des Archivars wie des Kannibalen.

Sebalds Geschichten leben von den Toten, sie ehren diese durch Einverleibung. Auf den ersten Blick scheinen seine Werke – von *Schwindel. Gefühle* aus dem Jahr 1990 bis zum jüngsten, *Austerlitz* – einem einzigen Phänotyp zu gehorchen, so als wäre ihre Handlung die einer ewigen Wiederkehr, ihr Ton der eines todbringenden Refrains. Inmitten all der Leblosigkeit steht das detektivische Ich und wandert durch Trümmerberge, die von der Geschichte aufgehäuft wurden, Endmoränen einer nationalen Apokalypse. Dieses Ich, dem in seinen Auftritten ein Name verweigert wird, dreht sich dabei in den Schicksalsfaden der Toten ein. Was ihm selbst biographisch zugehört, was sein Interesse an fremden Zerstörungen begründet, wird nur in kleinen Mengen beigemischt und ist zuwenig, um dahinter den leibhaftigen W. G. Sebald zweifelsfrei vorzustellen.

Es bleibt bei Andeutungen: der frühen Auswanderung aus Deutschland, der Lehrtätigkeit als Literaturwissenschaftler im englischen Norwich, dem Zusammenleben mit einer Clara, die schon in den *Ausgewanderten* die praktische Lebensführung übernimmt und auch in den *Ringen des Saturn* den selbst Krankgewordenen begleitet. Dieses Ich besitzt die Hartnäckigkeit eines Jägers, doch ist sein Antrieb der eines unveränderlich Tiefsinnigen. Das verleiht seinen subtilen Jagden eine Unaufgeregtheit, die nicht einmal im Moment des gelingenden Fangs triumphieren will: Schwarze Wasser fließen langsam. Dieses Ich, dessen Gefühlshaushalt so kärglich ausgestattet ist, offenbart nur selten biographische Details; Intimität ist ihm grundsätzlich fremd.

Wenn es Spuren seines eigenen Lebens auslegt, dann reichen sie über die Buchgrenze hinaus und schließen das einzelne Werk in ein Œuvre ein. Schreiben wird damit zu einer lebenslänglichen Verrichtung. So wird in den *Ausgewanderten* von einem Aprilmorgen des Jahres 1984 berichtet, wo der Erzähler im Lesesaal des British Museum der Geschichte der Beringschen Alaska-Expedition nachging. Vier Jahre darauf erscheint unter dem Namen von W. G. Sebald das Elementargedicht *Nach der Natur*, das in seinen drei Kapiteln unter anderem das Leben des deutschen Naturforschers Georg Wilhelm Stellers nacherzählt, der im 18. Jahrhundert auf dieser Expedition die Melancholie entdeckte und tödlich in ihr versank.

Diese feinen Fäden, die durch die Bücher hindurchlaufen und sie zur Autobiographie verknüpfen, spekulieren auf einen kongenialen, schwarzsüchtigen Leser. Denn der beläßt es nicht bei einmaliger Begegnung, sondern verwandelt sich seinem Gegenstand an: Wie das Ich aus den wenigen Äußerlichkeiten seiner Figuren deren Lebensweg rekonstruiert und dazu nichts als beobachtende Geduld mitbringt, so soll es der wahre Leser ihm gleichtun. Dieses Gebot der Nachahmung, der Einübung in eine Methode, ist heikel: Denn Sebalds Aufmerksamkeit gilt den Toten, und zu Lebzeiten abgestorben wirkt auch das anverwandelte Ich – es zehrt von den Toten und macht sich zu einem von ihnen.

Obwohl Sebald in diesem Jahr den Verlag wechselte und aus Enzensbergers »Anderer Bibliothek« hinaus zu Hanser gegangen ist, hat sich am Äußeren der Bücher kaum etwas geändert: Ihr einheitlicher grüner Einband erschwert den Griff ins Buchregal, man steht nachdenklich vor den fast gleichaussehenden Bänden. Diese eine Tonigkeit des Leinens nimmt den einen Ton der melancholischen Beklemmung vorweg, der das Buchinnere wie mit einem schwarzen Leichentuch ausschlägt. Sebald hat es in seinen früheren Büchern fast immer verstanden, seine perennierenden Nachrufe mit einer altmeisterlich gesetzten Sprache auszubalancieren: Je rücksichtsloser es mit dem Leben seiner Figuren hinabging, desto sorgfältiger achtete die Syntax auf ihre eigene Ordnung. Schwindelgefühle sollten vor Satzzeichen haltmachen: Und wenn die Welt zusammenbricht, übt sich die Grammatik im Stoizismus. Diese Prosa glich einem perfekt sitzenden schwarzen Anzug, der den Toten die letzte Ehre durch gute Haltung erweisen konnte. Respekt war ihr auch eine Stilfrage.

In seinem neuen Buch *Austerlitz* erreicht Sebalds Grisailletechnik, mit der die Welt im Steingrau erstarrt, eine wohl kaum voranzutreibende Grabestiefe. So nah wie in keinem Werk zuvor wagt sich Sebald nun an das Greuel des 20. Jahrhunderts heran, für das stellvertretend der Name Theresienstadt steht. *Austerlitz* ist damit Ende, leider aber nicht literarischer Gipfel des einen Versuchs, die Gegenwart in den Schlagschatten einer Nekropole zu tauchen.

Im Jahr 1967 trifft das erzählende Ich, verstört durch ein »Gefühl des Unwohlseins«, das es bei Betreten belgischen Bodens befallen und nicht mehr verlassen hat, im Wartesaal des Antwerpener Bahnhofs auf einen älteren Herrn. Sofort kommt man über die geschichtsbeladene Architektur dieses imperialen Baus ins Gespräch: Das versteinerte Unglück ist der Nenner, auf den beide zählen können. Jacques Austerlitz erweist sich als Kenner der Baugeschichte und ihrer Opfer: Brechts erstaunte Frage, ob Cäsar in Gallien denn kein Koch begleitet habe, übersetzt er in die Leiden der Bauarbeiter. Zu den prachtvollen Spiegeln des Wartesaals fallen ihm die Zyanidvergiftungen der Glaser ein, als trage das Kunstschöne die Verbrechen seiner Herstellung auf dem Rücken. Diese Wendung ins Schlimmstmögliche – eine Art ich-bezogene Zerrspiegelphase – versteht der Erzähler als tiefe Sympathie. Ihm ist die eigene Schuld an allen Übeln dieser Welt durchaus vertraut: Kaum hatte er den Luzerner Bahnhof betreten, wie eine Fußnote anmerkt, war der in der darauffolgenden Nacht abgebrannt, und in seinen Trümmern schwelt der Verdacht, »daß ich der Schuldige oder zumindest einer der Mitschuldigen sei an dem Luzerner Brand«.

Dieser schwarze Narzißmus schlingt sein festes, schicksalhaftes Band zwischen beiden Trauerspielern. In den nächsten Jahren kommt es auf geradezu gespenstische Weise immer wieder zu Begegnungen. Wie ein Ahasver-Brüderpaar ziehen Austerlitz und sein Zuhörer durch Europa und setzen dann ihren Austausch von Unglücksbotschaften unmittelbar fort – Gefallene, die zum aufrechten Gang verurteilt sind, Erschöpfte, die den Abbruch ihrer Wanderschaft herbeisehnen.

Ihre letzte Begegnung findet 1996 in England statt. Sie gleicht einer psychoanalytischen Sitzung, in der Austerlitz mit ununterbrochener Rede sein Leben rekapituliert. Diese Nacherzählung füllt die nächsten dreihundert Seiten von *Austerlitz*. Damit ändert sich die Erzählhaltung des Buches: Das erzählende Ich Jacques Austerlitz setzt sich an die Stelle des namenlosen, das zum erinnernden Zuhörer wird; beide sprechen mit einer Stimme, ihre Biographie totalisiert sich. Was zutage tritt, ist ein Trauermarsch als Lebenslauf. Aufgewachsen ist der junge Jacques bei einer kinderlosen Predigerfamilie in Wales, die weder Raumheizung noch Herzenswärme kannte. Unter einer Eisschicht war ihr Leben erfroren, die nicht einmal in den letzten Worten der Frau auf dem Totenbett aufgebrochen werden konnte: »What was it that so darkened our world? Und Elias antwortete ihr: I don't know, dear, I don't know.«

Wer so stirbt, hat eine Hölle bereits hinter sich. Jacques, der bald darauf seinen Pflegevater an die klinisch diagnostizierte Depression verliert, schließt sich einem Mitschüler im Internat an. Bei Ferienaufenthalten in dessen Heimat Andromeda Lodge erfährt er ein fast surreales Glück – wären da nicht die frei umherfliegenden Papageien mit ihren »von tiefer Trauer gezeichneten Gesichtern«, die das Unglück auch in dieses Idyll hineintragen: Unschuld, so hat der Leser spätestens jetzt begriffen, ist eine Utopie. Andromeda Lodge ist ein kleines naturhistorisches Museum, voll erstarrten und auf Nadeln gespießten Lebens. Auch dieses Paradies übersteht seinen Besucher nicht: Das Haus wird verkauft, der Mitschüler verunglückt tödlich.

Wer dachte, dieser zweite Verlust an Heimat sei unüberbietbar, wird eines Schlechteren belehrt. Denn aus dem Radio, dem Austerlitz in einem Antiquariat zufällig lauscht, wird ihm eine »plötzliche Offenbarung« zuteil, die seine bisherige Trostlosigkeit als ein einziges »Vermeidungssystem« aufdeckt, das noch viel Trostloseres unter sich begraben hat. Als sei der Schlußstein herausgebrochen, verirrt sich seine schwankende Lebensbahn mit jeder neu auftauchenden Erinnerung. Er selbst, so erfährt er auf Archivreisen, ist als Kind 1939 aus Prag nach England verschickt worden. Seine Mutter, eine gefeierte Opernsängerin, wurde nach Theresienstadt verbracht, die Spur des Vaters verliert sich im Pariser Exil. Jede Erinnerung schlägt in eine Verlustanzeige um. Das Kind, das Jacques Austerlitz war, wandelt zwischen Leichenbergen.

Man mag sich über den Traumwandel schon ein wenig verwundern, der Austerlitz so umstandslos in seine verlorene Kindheit zurückversetzt, ihn mühelos seine uralte Kinderfrau, gar Fotografien seiner vergessenen Mutter finden läßt. Das Archiv, bis dahin ein Ort widerspenstig zurückgehaltener oder nur zufällig entrissener Information, schüttet seine Gaben nun beidhändig über dem Suchenden aus. Wie bei einer sauber aufgestellten Dominoreihe fallen die Nachrichten einander ins Kreuz. Was das Einwohnermeldeamt nicht mehr hergibt, sprudelt plötzlich aus dem Reservoir frühkindlicher Erinnerungen. Das Leben ein Traum: Nichts geht in ihm verloren, nichts bleibt ungedeutet.

Diese Totalrekonstruktion unterscheidet *Austerlitz* von Sebalds früheren Büchern, sie ist die Folge einer grundsätzlichen Fehlentscheidung, mit der Sebalds Geschichtsprojekt an ihr Ende gekommen ist. Was hat sich geändert? Das erste Buch, *Schwindel. Gefühle*, betrieb ein geradezu surreales Spiel mit Schriftstellerviten: Stendhal oder Kafka hatten quer über Europa ihre Spuren ausgestreut, die das erzählende Ich aus historisch weitem Abstand mit seiner Einbildungskraft ausgoß. Ähnlich distanziert verhielten sich *Die Ausgewanderten* (1992) den Toten gegenüber. Es waren fremde – gehörte, nachgebaute, erschlossene – Selbstmordgeschichten, denen das Ich hinterherermittelte. Konjekturen mußten die Lücke füllen, schon aus Gründen der Selbsterhaltung mußte der Erzähler Abstand wahren. Und auch *Die Ringe des Saturn* (1995) fanden ihre melancholischen Brüder in barocker Vorzeit, weit vor der Gegenwart; Einfühlung minderte nur die Distanz, übersprang aber nie die Ich-Grenze. Es waren Komplizenschaften, die sich gegen Identität verwahrten. *Austerlitz* gibt diese Freiheit auf. Indem der Titelfigur das Wort erteilt wird und Sebalds Sammler-Ich zum Wiedergabemedium geliehener Worte wird, nimmt es sich die Freiheit der Verfremdung. Das andere Leben spricht sich aus, als Detektiv in eigener Sache fällt es mit dem Toten zusammen. Soviel Empathie ist von lähmender Schwärze.

Damit nicht genug. Sebald hatte bislang klug vermieden, den Vernichtungsstätten selbst zu nahe zu kommen: Es genügte, daß seine Toten mit ihnen in biographischer Berührung waren. So wurde ihr Leben beschädigt, ohne daß die erlittenen Begebenheiten – Folter, Erniedrigung – selbst anschaulich werden mußten. Die Figuren wahrten dieses Geheimnis und ließen nur über ihre fortdauernde Verzweiflung die Folgen spüren. Diese Mittelbarkeit durch Abstandnahme, die den Respekt gerade auch vor dem Terror sicherte, hat dem neuen Buch nicht genügt. Austerlitz reist nach Theresienstadt, er kolportiert Ghettofilme – und muß dem Schrecken damit ein Bild geben, das ihn überfordert. Sein Bericht wird darüber geschwätzig, die Melancholie verkommt zum Grusel. Das Eindringen ins Herz der Finsternis endet im erzählerischen Stillstand, es verklebt sich den Blick mit schwarzer Zuckerwatte

W. G. Sebald ist ein großer Erzähler, sein frühes Werk von einer Eindringlichkeit, die man nicht mehr abschütteln kann. Mit *Austerlitz* hat es damit erst einmal ein Ende gefunden. Nun hat der Tod selbst gesprochen und sich als allzu redselig erwiesen. Auch die Melancholie, so muß der Leser am Ende erfahren, ist lediglich ein Handwerk.

Kosmopolen

Polnische Erinnerungen an die vierziger Jahre

Von Adam Krzemiński

Der polnische Blick auf Europa hatte im 20. Jahrhundert eine ganz eigene Qualität. Mehrmals befand sich das Land im Epizentrum der historischen Wirbelstürme auf dem Kontinent: 1918, als gleichzeitig das russische Imperium, das wilhelminische Reich und die Habsburger Monarchie kollabierten, dann 1939 und 1945 bei Ausbruch und Ende des Zweiten Weltkrieges sowie in den achtziger Jahren, als wiederum der Kommunismus in sich zusammenfiel. Zugleich betrachteten die Polen Europa meistens »von unten«, aus der Position eines Underdog, der selten in die Salons der wahren Mächtigen hineingelassen wurde, dafür aber gelegentlich sehr genau die ungeschönte Realität wahrnahm. Dies entsprang der anomalen Lage, in der sich die Polen seit Generationen befanden.

Noch zu Beginn des Jahrhunderts lebten sie ausschließlich in fremden Staatswesen, wodurch sie drei Imperien samt deren »Leitkulturen«, die ihnen gewaltsam aufgezwungen wurden, recht intim kennenlernten. Doch auch nach 1918 erwarben Millionen Polen praktische Kenntnisse von Europa: als Emigranten aus wirtschaftlichen und politischen Gründen und später als von verschiedenen Besatzungsbehörden in alle Himmelsrichtungen Zwangsverschleppte und Vertriebene.

Besonders eindringlich war dabei die polnische Rußlanderfahrung. Im Westen wurde sie gelegentlich als »Russophobie« abgetan, besonders in jenen Perioden, in denen Westeuropa sich mit autoritären oder totalitären Regimes in Petersburg oder Moskau arrangierte und die polnischen Auflehnungen gegen die russische Fremdherrschaft als störend empfand. Zugleich transportierten auch nicht wenige Russen, von den zaristischen Botschaften in Paris oder London bis zu Schriftstellern wie Dostojewski oder Tolstoi, ein negatives Bild des polnischen Aufwieglers, der die Stabilität in Europa gefährde. Daß es in der europäischen Geschichte allerdings um mehr ging als lediglich um eine polnische antirussische Aversion, nämlich um den fundamentalen Gegensatz zwischen einer republikanisch und einer autokratisch geprägten politischen Kultur im Osten Europas, hat Klaus Zernack in seiner vorzüglichen Untersuchung *Polen und Rußland* gezeigt.

Als Ostpolen 1939 gewaltsam von Stalin annektiert wurde, lernten die Polen sein Reich von innen und von außen zugleich kennen. Ein Musterbeispiel für diese Erfahrung liefert Gustaw Herling-Grudzińskis Bericht *Welt ohne Erbarmen*.[1] Er setzt ein im Sommer 1940, als die Insassen in einer sowjetischen Gefängniszelle erfahren, daß die Deutschen Paris besetzt haben, und endet vier Jahre später, als der Erzähler in Italien erfährt, daß Paris von den Alliierten befreit wurde. In diesen vier Jahren ist Herling (Jahrgang 1919) durch Stalins Hölle gegangen und kehrt mit dem Bewußtsein in eine vom Krieg zertrümmerte Welt zurück, daß unmenschliche Bedingungen sämtliche moralischen Grundsätze ausheben, diese aber dennoch das alleinige Fundament der menschlichen Würde sind.

Diese »sowjetischen Aufzeichnungen« waren von vornherein als eine Aus-

---

[1] Gustaw Herling, *Welt ohne Erbarmen*. München: Hanser 2000.

einandersetzung mit Fjodor Dostojewskis *Aufzeichnungen aus einem Totenhaus* konzipiert. Herling schrieb sie gleich nach dem Krieg, zwanzig Jahre vor Alexander Solschenizyns *Archipel Gulag*. Sie wurden unter anderem von Bertrand Russell besprochen, von der westeuropäischen Linken allerdings als »typisch polnische Voreingenommenheit« diffamiert und anschließend vergessen. Nach ihrer Wiederentdeckung ergänzen sie jetzt die Gulag-Literatur um jenen polnischen Aspekt des Zweiten Weltkriegs, der lange Zeit verdrängt und verschwiegen wurde. Neben den schonungslosen Auschwitz-Erzählungen von Tadeusz Borowski, der das Teuflische im System der deutschen KZs nicht nur in der Entmenschlichung der Opfer durch die Täter, sondern auch in ihrer Degradierung zu unfreiwilligen Mittätern sah, ist *Welt ohne Erbarmen* eines der besten Beispiele für jenen »polnischen Existentialismus«, der – im Unterschied etwa zu Sartre – sowohl die Kraft des moralischen Widerstands unter den extremen Umständen eines Todeslagers als auch den Zerfall jeglicher Humanität bei vielen Häftlingen zeigt, die, um einen Tag länger als der Nachbar zu überleben, bereit sind, einen Mithäftling zu töten oder ihn dem sicheren Tod auszuliefern.

Ähnlich wie in Dostojewskis Darstellung der zaristischen Katorga beschränkt sich Herling auf die Beschreibung des Lageralltags, der mit den vielen Einzelschicksalen Stoff genug liefert. Die in der Ich-Form geschriebene realistische Reportage hat eine präzise Konstruktion und eine klare Botschaft: Dieser stalinschen Hölle kann nur entrinnen, wer seine Integrität bewahrt und keine moralischen Kompromisse eingeht. Die letzte Szene des Buches ist auch sein Programm: Der Erzähler verweigert 1944 in Rom einem ehemaligen Mithäftling die Absolution, als dieser ihm gesteht, daß er, um aus dem Gulag herauszukommen, vier andere Häftlinge – es waren Deutsche – denunziert hat. Der Mithäftling bittet nur um Verständnis von jemandem, der weiß, wie es war, doch dieses Verständnis erhält er nicht.

Herlings Position ist damit eine ganz andere als die Borowskis, der in seiner autobiographischen Erzählung den ehemaligen Häftlingen ins Gesicht schleuderte: »Es hilft nichts: Sagt endlich, wie ihr euch einen Platz im Krankenhaus, in guten Kommandos beschafft habt, wie ihr die Muselmänner in den Kamin gestoßen habt, wie ihr Frauen und Männer gekauft, was ihr in den Unterkünften, in ›Kanada‹, im Krankenbau, im Zigeunerlager getan habt, erzählt das und noch viele andere Kleinigkeiten, erzählt vom Lageralltag, von der Organisation, von der Hierarchie des Schreckens, von der Einsamkeit jedes Menschen. Aber schreibt, daß eben ihr das getan habt! Daß ein Partikel des traurigen Ruhms auch euch gebührt. Lieber nicht, was?«[2] Borowski rief damit große Empörung hervor, wenige Jahre später nahm er sich – inzwischen stalinistischer Propagandist – das Leben.

Herlings *Welt ohne Erbarmen* sollte man zusammen mit Aleksander Wats Erinnerungen lesen.[3] Wat, geboren 1900, entstammte einer alten jüdisch-polnischen Familie. Sein Urgroßvater war noch Rabbiner von Kutno gewesen, aber schon sein Großvater stellte 1863 Waffen für den polnischen Aufstand her, in dem auch weitere seiner Verwandten kämpften. Wats älterer Bruder starb in Treblinka, sein jüngerer in Auschwitz.

Jenseits von Wahrheit und Lüge sind »gesprochene Erinnerungen«. In vierzig Aufnahmesitzungen erzählte der todkranke Wat in den sechziger Jahren im amerikanischen Exil Czesław Miłosz sein Leben auf Band. Er beschreibt die fast religiöse Faszination, die der Kommunis-

---

[2] Tadeusz Borowski, *Bei uns in Auschwitz*. München: Piper 1999.
[3] Aleksander Wat, *Jenseits von Wahrheit und Lüge. Mein Jahrhundert*. Frankfurt: Suhrkamp 2000.

mus in der Zwischenkriegszeit trotz der Kenntnis der Verbrechen in Sowjetrußland auf die linke Intelligenz ausübte. Er skizziert auch seine Reisen nach Deutschland und Frankreich, die Aktivitäten der sowjetischen Botschaft in Warschau, die Besuche Majakowskis und Radeks. Seine Berliner Beobachtungen aus dem Jahre 1928 – magere Polizisten vorm und wohlgenährte kommunistische Ordner im Karl-Liebknecht-Haus am Alex – lassen ihn wenig Gutes für die deutsche Republik ahnen.

Das Buch gibt auch einen Einblick in die sowjetische Realität aus der Perspektive der Gefängnisse, in denen Wat berühmte sowjetische Schriftsteller, Professoren, Komponisten traf. Minutiös schildert er die Verhaltensweisen von Menschen verschiedener Nationalität im Sowjetreich – Russen, Ukrainer, Juden, Polen. Daraus entsteht ein viel genaueres Bild der sowjetischen Gesellschaft als aus manchen Berichten deutscher Kommunisten, die die Sowjetunion häufig oberflächlich und oft nur sentimental wahrnehmen. Bei Wat und auch Herling dominiert die tiefe, desillusionierte Kenntnis des sowjetischen Alltags durch »Insider von auswärts«.

Zur polnischen Erfahrung im Osten existiert ein westliches Pendant: die polnische Frankreich- und Deutschlanderfahrung, die im ersten Falle einer Liebe, im zweiten einer vertrauten Fremdheit gleicht. Witold Gombrowicz schreibt in seinen Tagebüchern, daß ein mit dem Osten konfrontierter Pole klar definiert und von vornherein bekannt sei, während ein nach Westen blickender Pole verschwommene Züge habe, »voll unklaren Ärgers, Mißtrauens und geheimnisvoller Entrüstung«. Die besten Beispiele hierfür liefern die Tagebücher von Andrzej Bobkowski und Jerzy Stempowski.

Bobkowski, Jahrgang 1913, genoß eine multikulturelle, europäische Erziehung. Sein Vater war Professor in Wien und nach 1918 polnischer General. Im Frühjahr 1939 ging Bobkowski, nachdem er die Warschauer Handelshochschule absolviert hatte, nach Frankreich, das Land, das für ihn – ähnlich wie für eine ganze Generation polnischer Intellektueller – mehr als ein Liebesobjekt, nämlich fast ein Glaubensbekenntnis war. Die Katastrophe Polens erlebte er aus der Ferne, den inneren Zerfall Frankreichs im Sommer 1940 dagegen aus der unmittelbaren Nähe als Kollaps einer bereits ausgehöhlten Kultur, als Rückzug Frankreichs von seiner Rolle als geistige, wirtschaftliche, militärische und politische Führungsmacht in Europa.

Als literarisch belesener und fließend deutsch und französisch sprechender »Kosmopole« (ein Begriff von Gombrowicz) ist Andrzej Bobkowski angewidert von nationalistischem Dünkel jedweder Art, auch dem polnischen. Er beobachtet scharf und beschreibt den vor seinen Augen sich vollziehenden Untergang Europas. Während Deutschland es durch seinen totalitären Elan zerstört, verrät Frankreich es mit seiner kleinbürgerlichen Selbstzufriedenheit, der Leere seiner zwar formvollendeten, faktisch aber schon seit langem fruchtlosen Kultur und dem gebrochenen Willen, für seine Werte tatsächlich einzustehen.

Zusammen mit Tadzio, einem Warschauer Taxifahrer, flüchtete Bobkowski im Sommer 1940 in einer halsbrecherischen Tour de France vor den Deutschen aus Paris. Die Schlüsselszene erleben die beiden in Toulon, nach der Kapitulation: Im Kriegshafen liegen französische U-Boote, in den Kneipen streiten untätige Matrosen mit roten Pompons auf den Mützen über Siege aus vergangenen Kriegen. Bobkowski hört diesen Wortfluß und stellt fest: »Es gibt eine medizinische Bezeichnung für eine gewisse Art der sanften geistigen Verwirrung, die darin besteht, daß der Kranke die ersten beiden Sätze vernünftig zum Thema spricht, aber dann redet und redet er ganz durcheinander ... *La logorrhée* ist die Krankheit Frankreichs – und das schon seit vielen Jahren ... In meinem ganzen Leben habe ich alles aus Liebe getan. Andere Ehen habe ich nicht anerkannt. Das ist nicht bequem, aber was soll man machen, wenn man nicht anders kann? Auch mit Frankreich habe ich mich aus großer Liebe verheiratet. Und hier in Toulon sehe, fühle, verstehe ich mit einemmal alles; ich verstehe diesen perfiden Briefwechsel und dieses Flirten zwischen Clermont-Ferrand und Toulon. Hier sehe ich Frankreich nackt vor mir, wie es in Toulon liegt wie eine Hure. Sie wartet und lächelt resigniert, macht die Beine breit ... Sie betrügt mich.«[4]

Bobkowskis Tagebuch wird gelegentlich in einem Atemzug mit Ernst Jüngers *Strahlungen* genannt. Beide hielten sich ab 1941 in Paris auf, besuchten bisweilen dieselben Theater, schauten sich dieselben Filme an und lasen dieselben Bücher – de Maistre, Céline und natürlich Sieburg. Gelegentlich notierten sie sogar ähnliche Gedanken. Doch sie lebten natürlich in diametral verschiedenen Welten. Mehr noch, wenn man Bobkowskis Text zusammen mit den *Strahlungen* liest, fällt auf, was alles Jünger verschweigt. Wo Jünger seine Sätze ziseliert und sich hinter seinen Lektüren verschanzt, wenn die Wirklichkeit, die er ja mitverbricht, zum Himmel schreit, weil sich Terror, Niedergang und der Zerfall der humanen Werte unaufhaltsam ausbreiten, da beschreibt Bobkowski das tägliche Leben im besetzten Frankreich, die Schlangen vor den Geschäften, den Hunger, die Niedertracht der französischen Polizei, aber auch – mit Bewunderung – die unzerstörbare französische Bürokratie. Er liebt sein Frankreich weiterhin, auch als Betrogener, und er findet sogar immer wieder neue Bestätigungen dafür, daß es seiner selbstlosen Liebe auch würdig ist. Er sieht die Gemeinheit, aber auch die Herzenswärme und gelassene Opferbereitschaft derjenigen, die in dieser Welt ein Stück Normalität bewahren. Die Vichy-Ideologie widert ihn an, dennoch akzeptiert er insgeheim, daß die Franzosen »zweigleisig fahren«, daß de Gaulle die Ehre Frankreichs rettet und Pétain die Nation. Nur Frankreichs künftige geistige und politische Führungsrolle sei nicht zu retten.

Bobkowskis Tagebuch ist hochemotional – der Autor schildert, was er sieht, macht sich zugleich aber, in Anlehnung an Hermann Graf Keyserlings *Das Spektrum Europa*, Gedanken über den Zustand der europäischen Kultur und Zivilisation. Er ist Zeuge ihres Niedergangs und sieht den Sieg Rußlands und Amerikas voraus. Doch im Unterschied zu Jünger und auch den meisten Franzosen graust ihm nicht vor der amerikanischen »Barbarei«. Im Kreise polnischer Emigranten wünscht er sich gar eine Okkupation Polens nach dem Krieg durch die Amerikaner, was ihm im polnischen Milieu einhellige Empörung einbringt. Der klassische »Kosmopole« notiert, daß er in Nationen nicht »vernarrt« sein könne und am liebsten irgendeinen Lehrstuhl für Kosmopolitismus stiften würde: »Persönlich ist mir der polnische Adler oder irgendein anderer Vogel vollkommen egal.«

Andrzej Bobkowski ist ein Phänomen in der polnischen Literaturgeschichte des 20. Jahrhunderts. Es wäre falsch, der ganzen polnischen Exilliteratur eine solche Selbsteuropäisierung des bis dahin antiquierten nationalen Denkens zuzuschreiben; polnische Isolationisten, die Europa einer antipolnischen Verschwörung bezichtigen, gab und gibt es nach wie vor zur Genüge. Bei Bobkowski ist das Exil, ähnlich wie bei Herling, Gombrowicz oder Miłosz, auch eine Befreiung »aus der Falle des Nationalismus«.[5]

Mehr als ein halbes Jahrhundert lang war dies auch die Faustregel von Jerzy Giedroyc, dem Herausgeber der Pariser *Kultura*. Diese wichtige polnische Exilzeitschrift fädelte bereits in den fünfziger

---

4 Andrzej Bobkowski, *Wehmut? Wonach zum Teufel? Tagebücher aus Frankreich. Band I 1940–1941*. Hamburg: Rospo 2000.
5 Jan Zieliński, *Das Frankreich-Tagebuch von Andrzej Bobkowski*. In: Łukasz Gałecki / Basil Kerski, *Die polnische Emigration und Europa 1945–1990*. Osnabrück: fibre 2000.

Jahren einen Dialog mit Polens Nachbarn ein – gerade wegen der starken Belastungen aufgrund der Veränderung der polnischen Ostgrenze im Krieg und der zum Teil jahrhundertelangen ethnischen Konflikte in Ostmitteleuropa. Lange vor dem Beginn seiner »Ostpolitik« streckte Jerzy Giedroyc auch nach Deutschland Fühler aus und schickte schon im Herbst 1945 einen der besten »Kosmopolen«, Jerzy Stempowski, nach Österreich und Deutschland, damit er einen national ungefärbten Bericht über die Befindlichkeit des westlichen Nachbarn Polens »nach der Tat« verfaßt.[6]

Stempowski, Jahrgang 1894, stammte aus einer adligen polnischen Familie aus Podolien in der Ukraine und kannte das dortige »Schachbrett der Völker« ebenso gut wie die russische, deutsche und französische Kultur, denn vor dem Krieg war er jahrelang polnischer Diplomat in der Schweiz gewesen. Stempowski besitzt jene ironische Souveränität und Sehschärfe, die es ihm nach dem Krieg ermöglicht, an Sartres Stammtisch in einem Pariser Café und in den scholastischen Lobpreisungen des sowjetischen Terrors eines Merleau-Ponty die gleiche tumbe Wortgläubigkeit verblendeter Intellektueller zu erkennen wie vor dem Krieg unter den jüdischen Schneidern auf dem Marktplatz von Berditschew, die *Das Kapital* so bedächtig wie ihre Väter den Talmud hin und her wendeten und den Marxismus zur neuen Religion erhoben.

Stempowskis Tagebuch aus dem Jahre 1945 liest sich auch heute wie eine Reportage eines Intellektuellen, der die deutsche Geistesgeschichte kannte und noch viele Freunde aus der Zeit vor dem Krieg besaß. Und dennoch zeigt auch dieser Text, welche Hürden deutsch-polnische Gespräche überwinden mußten. Stempowski taucht keineswegs als Sieger in Deutschland auf: Einerseits wird er von den Amerikanern schikaniert, andererseits vermag er kaum mehr als die Oberfläche des geschlagenen und moralisch geächteten Nachbarvolks zu beschreiben. Ein Pole konnte 1945 das besiegte Deutschland schwer mit der Gelassenheit und dem Scharfsinn beschreiben und analysieren wie die Reporter von *Life* oder der *Times*, genoß er doch nicht ihre Privilegien; dafür aber konnte er – desillusioniert – die deutsche Wirklichkeit aus der Perspektive einer allseits unerwünschten »Displaced person« schildern. Mehr als zwei Generationen danach, schon im neuen Jahrtausend, das Europa möglicherweise eine Befreiung aus der »Falle des Nationalismus« bringen wird, kann man diese Texte als Dokumente einer gemeinsamen Vergangenheit lesen, die im grausamen Drama der europäischen Geschichte des vergangenen Jahrhunderts in kraß gegensätzliche Rollen zerfiel.

---

[6] Jerzy Stempowski, *Bibliothek der Schmuggler*. Hamburg: Rospo 1998.

Unheroisch und unterschätzt

Jugendstil als moderne Kunst betrachtet

Von Walter Grasskamp

Der Jugendstil ist bis heute so populär, daß ihn praktisch jeder kennt. Formal einprägsam und konturenscharf, war er durch organische und vegetabile Formen gekennzeichnet, durch fließende und bauschige Linien, die sich dynamisch verschränken oder überlagern, durch wuchernde Details und plakative Großformen – eben das blumig-biomorphe Bild, wie es bis heute prominent ist. Dieser Stil erhielt in Deutschland seinen Namen eher zufällig von der Zeitschrift *Jugend*, die ab 1896 in München erschien. Sie gab der Aufbruchsstimmung des verrinnenden Jahrhunderts eine biologische Kontur, und zwar mit genau dem Lebensalter, das viele für den schönsten Aggregatzustand des Menschen halten, nicht nur die Betroffenen selbst.

In Wien, einem weiteren Zentrum des Jugendstils, wählte man dagegen eine andere Metapher, nämlich aus dem Zyklus der Jahreszeiten: Dort hieß die führende Zeitschrift *Ver sacrum*, also heiliger Frühling – auch das eine suggestive Idee, denn wer liebte nicht den Aufbruch der Natur, der nach dem Winter folgt, als welcher hier das – ein weiteres Mal verketzerte – 19. Jahrhundert fungieren mußte. Der Stil selber hieß in Wien aber weder Jugendstil noch Ver-sacrum-Stil, sondern Sezessionsstil, weil er maßgeblich den Künstlern der Wiener Sezession zugeschrieben wurde.

Damit kommt man zu einer gern vernachlässigten, aber wichtigen Unstimmigkeit im Begriffsgebrauch: Der Sezessionsstil paßt nämlich nicht durchweg in das populäre Erscheinungsbild des Jugendstils. Geometrisch, kantig und eher unterkühlt, waren zum Beispiel die Wiener Werkstätten an völlig anderen Rhythmisierungen des Ornaments interessiert, wenn man es nicht, wie Adolf Loos, gleich als Verbrechen betrachtete. Trotz seiner optischen Abweichung wird der eckig-wuchtige Sezessionsstil aber dem sonst eher leichtfüßigen Jugendstil zugerechnet, gleichsam als regionale Variante, womit letztere Bezeichnung allerdings ihre Eignung als Stilbegriff einbüßen müßte.

Das ist nicht die einzige Begriffsverwirrung, denn der biomorphe Mainstream des Jugendstils figurierte in seinen anderen europäischen Zentren unter höchst unterschiedlichen Namen – sei es als »art nouveau« wie in Brüssel oder Paris, als »stile florale« und »stile liberty« wie in Italien, als »modernismo« wie in Barcelona oder als »modern style« wie in England und Schottland: Der Stil, der nur in Deutschland Jugendstil hieß, war eine europäische Bewegung, die sich national verschieden benannte. Wenn man für diesen Gesamtkontext unbesehen die deutsche Bezeichnung verwendet, geht eine entscheidende Kontur dieser Bewegung verloren, die in ihren anderen Zentren mit Jugend und Frühling wenig zu tun hatte, sondern den ungleich wichtigeren Begriff der Moderne für sich reklamierte. Damit datierte sie den Beginn der modernen Kunst um die Wende zum 20. Jahrhundert; deshalb ist die Bezeichnung »Modernismus« als Stilbegriff letztlich geeigneter als jede andere.

War dieser Modernismus tatsächlich schon vor dem Futurismus der Anfang der modernen Kunst, die demnach im letzten Jahrzehnt des 19. Jahrhunderts begonnen und schon die Jahrhundertwende geprägt hätte? Für diese Datierung sprechen einige Gründe. Zum ersten war der Modernismus der erste moderne Stil überhaupt, weil er ein international einheitliches, originelles und klar identifizierbares Erscheinungsbild bot, wenn auch mit den unterschiedlichen Spielarten »Kubus und Arabeske«, wie Gabriele Fahr-Becker sie in der jüngsten, 1996 erschienenen Gesamtübersicht *Jugendstil* akzentuiert. Gemeinsam erfüllten sie ein weiteres Kriterium des Stils darin, daß sie sich gattungsübergreifend etablierten: in Grafik und Malerei, Hochkunst und Kunstgewerbe, Architektur und Bildhauerei, Schmuck und Möbelbau, Werbung und Buchillustration.

Eine solche Geschlossenheit der Gattungen war seit Barock und Rokoko nicht mehr vorgekommen. Das 19. Jahrhundert, das die Stile aller vorhergehender Epochen vermaß, kartografierte und manche sogar erstmals definierte, hatte selber ja darunter gelitten, keinen eigenen Stil hervorgebracht zu haben, der gattungsübergreifend wirksam geworden wäre. Zwar gab es romantische Malerei und Lyrik, aber keine romantische Bildhauerei; impressionistische Gemälde und Musik, aber kein impressionistisches Kunstgewerbe; Biedermeier-Möbel, aber keine Biedermeier-Architektur. Allenfalls die historischen Reprisen der Neogotik oder der Neorenaissance konnten gattungsübergreifende Konturen entwickeln, galten aber rasch als kraftlose Verlegenheitslösungen. So blieb es bis zu seinem Schluß ein Dilemma des 19. Jahrhunderts, daß seine eigenen Stile, gemessen an dem Begriff, den es für alle vorhergehenden Epochen definiert hatte, allenfalls Gattungsstile waren. In seinem Buch *Verlust der Mitte* hat Hans Sedlmayr diesem paradoxen Stilvakuum des 19. Jahrhundert ein Kapitel mit dem schönen Titel »Auf der Suche nach dem verlorenen Stil« gewidmet.

Ebenso wichtig wie die gattungsübergreifende Tendenz war – dritter Grund für seine Behandlung als Stil –, daß der Modernismus die ästhetische Trennung zwischen der freien und den angewandten Künsten rückgängig machte, der das 19. Jahrhundert mit der Industrialisierung des Kunstgewerbes nolens volens zugearbeitet hatte. Weil der Modernismus freie und angewandte Kunst integrierte, erfüllte er – und das wäre der vierte Grund – einen weiteren Traum des 19. Jahrhunderts, nämlich den vom Gesamtkunstwerk, das sich aus Architektur und Inneneinrichtung zusammensetzt, aus Malerei und Bildhauerei, Tanz und Kleidung. Mit seinem zierlichen Sensualismus strahlte er sogar in Literatur und Musik über; erst kürzlich haben Andreas Beyer und Dieter Burdorff in diesem Kontext die Aufsatzsammlung *Jugendstil und Kulturkritik. Zur Literatur und Kunst um 1900* herausgegeben. Der Modernismus war demnach die erste europäische Kunstbewegung der Moderne, in der alle Gattungen, auch die nicht zur bildenden Kunst gehörigen, zu einer gleichzeitigen Moderne kamen.

Endlich wieder ein Stil, konnte das 19. Jahrhundert erleichtert aufseufzen und in seine Polster zurücksinken, weil es damit unversehens zu einem guten Ende gekommen war: In letzter Minute hatte es sich doch noch dazu aufraffen können, dem kommenden Jahrhundert einen modernen Stil mit auf den Weg zu geben, in dem sich künftige Generationen wohnlich würden einrichten können. So kann man den Überschwang nachvollziehen, mit dem die moderne Kunst sich als Modernismus selbst begrüßte. Bescheidenheit war nie ihre Stärke, um wieviel weniger damals, als sie wirklich einen Durchbruch darstellte und aus dem ambivalenten 19. Jahrhundert herausführte, das schon alle Produktionsmittel der Moderne kannte, aber noch nicht den Mut besaß, sie – außer auf seinen Weltausstellungen – auch für etwas ästhetisch Neues zu bündeln.

Das 20. Jahrhundert begann demnach als Erfüllung der ästhetischen Träume des 19. Jahrhunderts. Mit einem gewissen Recht haben sich daher Jugendstil und Sezessionsstil, »art nouveau«, »stile florale«, »modern style« und »modernismo« als ein Anfang vorkommen können – weder vorher noch nachher ist in der Moderne das Einheitsstreben so perfekt gelungen, wie es der Stilbegriff des 19. Jahrhunderts gefordert hatte. Offenbar besaß die Zäsur des Kalenders damals eine solche Magie, daß der Jahrhundertwechsel tatsächlich eine besondere kulturelle Anstrengung provozierte.

Das 20. Jahrhundert hat den Triumph der Moderne später auf seine Seite zu ziehen versucht, aber den Modernismus sollte man weder als Phänomen des einen noch des anderen Jahrhunderts betrachten. Vielmehr bildet er eine Art *missing link* zwischen dem 19. und dem 20. Jahrhundert – *missing*, weil er in dieser Gelenkstellung meist unterschätzt wird. Das lag zum einen daran, daß sein Ruhm ebenso schnell verging, wie er aufgeblüht war: Schon vor dem Ersten Weltkrieg hatte der Modernismus Ansehen und Einfluß wieder verloren. Seine urbane und großbürgerliche Eleganz ließ den bald markenzeichenartig wirkenden Stil wie eine mondäne Mode verebben, die er letztlich auch nur gewesen ist.

Der zweite – und wichtigere – Grund für seinen raschen Bedeutungsverfall ist aber, daß er nach seinem Geltungsende nie eine richtige Rehabilitierung erfahren hat. Die akademische Kunstgeschichte hat den Jugendstil eher der leichten Muse zugerechnet und tut dies überwiegend auch noch heute. Sofern sie sich überhaupt mit moderner Kunst befaßte, betrachtete sie andere, radikalere Bewegungen als deren Beginn, die Futuristen und Kubisten oder Einzelgänger wie Paul Cézanne. Als Regisseure der Geistesgeschichte haben Kunsthistoriker stets auch selber von den Heroenrollen profitiert, die sie ihren Lieblingskünstlern zuschusterten; der vergnügungssüchtige und elegante, ebenso verschwenderische wie harmlose Jugendstil, diese ewige Teestunde, war aber platterdings nicht heroisierbar.

Zudem hat – dritter Grund für die Unterschätzung des Modernismus – die Kunstwissenschaft des 20. Jahrhunderts mit seinem Dogma gebrochen. Hatte das 19. Jahrhundert von der Überwindung der Trennung zwischen freier und angewandter Kunst geträumt, der es selber zuarbeitete, so hat die Kunstwissenschaft des 20. Jahrhunderts diese Trennung festgeschrieben. Die Vertreter der freien Kunst wurden heroisiert, die der angewandten banalisiert; ihre Namen blieben nur Sammlern, Händlern und einigen Fachspezialisten geläufig.

So konnte es passieren, daß in den siebziger Jahren in einem zu Recht angesehenen Museum, das sich längst schon der modernen Kunst geöffnet hatte, eine komplette Büroeinrichtung der Jahrhundertwende zum Sperrmüll gestellt wurde, weil man weder wußte, daß sie von Bruno Paul stammte, noch wer Bruno Paul gewesen war, noch welche Bedeutung er für den Münchner Jugendstil besessen hatte. So rächt sich die ästhetische Abwertung der angewandten Kunst eben manchmal auch ökonomisch. (Eine ebenso aufschlußreiche Konstellation ergab sich rund dreißig Jahre später am selben Ort, als der Museumscafé-Pächter – diesmal ohne Wissen des Direktors, aber mit dem des offenbar ziemlich ahnungslosen Verwaltungsleiters – eine komplette Inneneinrichtung der sechziger Jahre zur Müllkippe schaffen ließ, die aus rund siebzig Charles-Eames-Stühlen bestand, für die Sammler schätzungsweise bis zu sechstausend Mark pro Stück, bei geschickter Vermarktung also insgesamt eine halbe Million hingeblättert hätten, weil sie aus einer frühen Produktionsreihe stammten.)

Die Anonymisierung und Unterschätzung des Kunstgewerbes – also des Paradefeldes des Modernismus – trug nicht nur zu solchen Pannen, sondern generell vor allem dazu bei, daß man noch heute leicht unterschätzen kann, als was für einen Durchbruch der Modernismus sich selber betrachtete und mit welchem Recht. Sogar für die Frage, wann die moderne Kunst ihren Weg in den öffentlichen Raum gefunden hat, empfehlen sich im Rückblick weniger die skandalträchtigen Werke der autonomen Kunst, etwa eines Auguste Rodin, als vielmehr die Architekturdekors Antonio Gaudís und August Endells oder die Metrobögen Hector Guimards, also Werke der angewandten Künste aus dem Feld des Modernismus. Sogar für das Tafelbild ist er von wegweisender Bedeutung gewe-

Welche GESUNDHEIT?

Lesen Sie in unserer aktuellen Ausgabe:
→ Carola Reimann: Schöne neue Medizinwelt – Krankheiten verhindern oder lindern?
→ Susanne Gaschke: Kommt jetzt die „Generation Kassel"?
→ Tobias Dürr: Helmut Markwort und sein 20. Jahrhundert
→ Stephan Hilsberg: Warum der Aufbau Ost ein Phantom ist
→ Christian Lange: Kombilohn statt Stütze – der Kleinkrieg um den Niedriglohn muss aufhören
→ Rüdiger Soldt: Frau Dr. Seltsam im Girlscamp – die CDU-Vorsitzende Angela Merkel

Die neue Berliner Republik! Für nur 9,80 DM zzgl. Porto, Jahresabo 58,– DM (erm. 48,– DM).

Erscheint jetzt zweimonatlich und ist auch im Bahnhofsbuchhandel erhältlich. Bestellungen über:

Berliner vorwärts Verlagsgesellschaft mbH
Stresemannstraße 30, 10963 Berlin
Tel. (0 30) 2 55 94 - 1 30, Fax (0 30) 2 55 94 - 1 99
E-Mail vertrieb@vorwaerts.de

Jetzt testen: Ein kostenloses Probeheft.

LITERATUR- UND KULTURWISSENSCHAFT

**Metzler Lexikon
Kultur der Gegenwart**
Themen und Theorien,
Formen und Institutionen
seit 1945
Herausgegeben von
Ralf Schnell
2000. VI, 560 Seiten, geb.
DM 58,–/öS 424,–/sFr 51,60
ISBN 3-476-01622-6

Volker Meid
Metzler Literatur Chronik
Werke deutschsprachiger
Autoren
Sonderausgabe.
2., erweiterte Auflage.
1998. VI, 770 Seiten, kart.
DM 39,80/öS 291,–/sFr 36,–
ISBN 3-476-01601-3

**Deutsche
Literaturgeschichte**
Von den Anfängen bis
zur Gegenwart
Von Wolfgang Beutin u.a.
5., überarbeitete Auflage.
1994. X, 630 Seiten,
400 Abb., geb.
DM 49,80/öS 364,–/sFr 44,40
ISBN 3-476-01286-7

**Metzler Lexikon
Literatur-
und Kulturtheorie**
Ansätze – Personen –
Grundbegriffe
Herausgegeben von
Ansgar Nünning
1998. VII, 593 Seiten, geb.
DM 49,80/öS 364,–/sFr 44,40
ISBN 3-476-01524-6

Metzler Autoren Lexikon
Deutschsprachige Dichter
und Schriftsteller
vom Mittelalter bis zur
Gegenwart
Herausgegeben von
Bernd Lutz
2., überarbeitete und
erweiterte Auflage.
Sonderausgabe.
1997. IV, 905 Seiten,
429 Abb., kart.
DM 39,80/öS 291,–/sFr 36,–
ISBN 3-476-01573-4

Ralf Schnell
**Geschichte der
deutschsprachigen
Literatur seit 1945**
Sonderausgabe.
2000. X, 614 Seiten,
280 Abb., geb.
DM 34,–/öS 249,–/sFr 31,–
ISBN 3-476-00914-9

**VERLAG
J. B. METZLER**
Postfach 10 32 41 · D-70028 Stuttgart
www.metzlerverlag.de

sen: Die Münchner Kandinsky-Ausstellung machte 1982 mit lokalen Beispielen des Jugendstils die Geburt der Abstraktion aus dem Geist der kunstgewerblichen Dekoration plausibel.

Ein letzter Grund für das unverdient zweitklassige Nachleben des Modernismus hierzulande mag darin liegen, daß seine Fehletikettierung Jugendstil ihn als eine Art ästhetischer Pubertät der Moderne erscheinen ließ, der die männliche Sturm-und-Drang-Periode erst mit den radikalen Avantgarden folgte. Frivole Putzsucht und hysterische Linienführung mögen den Eindruck des Unheroischen verstärkt haben; aber warum die kunstwissenschaftliche Terminologie die angemessenere Bezeichnung »Modernismus« nicht aufgegriffen hat, mit der dieser Bewegung ein ganz anderer Rang zugewiesen worden wäre, ist nicht leicht zu verstehen. Es mag daran liegen, daß dieser Begriff in der deutschen Sprache von vornherein einen abwertenden Beiklang hatte: Alle auf -ismus endenden Begriffe klingen immer wie die unzulässige Übertreibung einer guten Sache. In der Tat wurde der Begriff im Deutschen negativ verwendet und in dieser Konnotation sogar offiziell, als die katholische Kirche 1911 damit begann, ihre Priester den »Anti-Modernismus-Eid« schwören zu lassen, um dem Einfluß der Naturwissenschaften und der politischen Heilslehren zu begegnen.

Wenn man den Modernismus mit guten Gründen als Beginn der modernen Kunst ansehen kann, spricht dann sein rasches Ende gegen diese Einschätzung? Nein, gerade wegen seines raschen Endes war der Modernismus der passende Auftakt zur modernen Kunst, andernfalls er nur die Erfüllung aller Stilsehnsüchte des 19. Jahrhunderts geblieben wäre. Gerade wegen seines raschen Endes war der Modernismus archetypisch modern, so daß der Ausdruck von nun an synonym für das schnelle Verblühen von ästhetischen Innovationen und Imperativen stehen konnte: Die prompte Verwandlung von Zukunft in Vergangenheit hatte an ihm europaweit das erste eindrucksvolle Exempel der Beschleunigung. Keine zwanzig Jahre war sein Vorbild gültig, und das war noch vergleichsweise lang angesichts der späteren Entwicklungen.

Man muß das schnelle Ende des Jugendstils übrigens nicht beklagen. Man stelle sich vor, er hätte bis an das Ende des 20. Jahrhunderts gedauert: Unsere Macintosh-Computer wären dann nicht von Hartmut H. Esslingers vortrefflichem »frogdesign«, sondern von einem Epigonen Charles Rennie Mackintoshs entworfen worden, und ein Friedensreich Hundertwasser wäre der *arbiter elegantiarum* gewesen – wie furchtbar! Die Moderne ist eben auch darin modern, daß neue Funktionen und Instrumente sich neue Formen suchen und ästhetisch plausibel werden lassen. Uns Nachgeborenen ist der Jugendstil daher nur im Fragment erträglich – dann freilich kann er aufglänzen: Im Schmuckantiquariat, im bibliophilen Buch oder im Plakatmuseum. Und wir begrüßen ihn natürlich als Tourist, wo immer wir ihn treffen: Im burlesken Park Güell, den Gaudí in Barcelona gebaut hat; vor den zauberhaften Kiosken Helsinkis, an den Pariser Metro-Portalen oder in Richard Riemerschmids Münchner Schauspielhaus. Aber komplett und täglich in einem originalgetreuen Jugendstil-Gesamtkunstwerk leben – wer möchte das schon sehenden Auges? Das spätmoderne und erst recht das postmoderne Auge ist gegen den Stilterror der Kohärenz inzwischen allergisch.

Eine Verewigung des Jugendstils könnte sich ohnehin nur gewünscht haben, wer an den Stilbegriff des 19. Jahrhunderts glaubte, aber der war schon in bezug auf die Vergangenheit ein fragwürdiges Konstrukt. Die Vorstellung, der Renaissance-Mensch habe aus Renaissance-Häusern durch Renaissance-Fenster wohlgefällig auf Renaissance-Paläste geschaut, dabei sein Renaissance-Essen mit Renaissance-Gedanken bei Renaissance-Musik genossen und seine Renaissance-Hosen bekleckert, war die rückwärts projizierte Idylle eines zerrissenen und unschlüssigen 19. Jahrhunderts, das von den sich plötzlich eröffnenden Entscheidungsmöglichkeiten der Moderne schlichtweg überfordert war.

Seine fragwürdige Konstruktion epochenprägender und gattungsübergreifender Stile inspirierte jedoch den Eröffnungsimpuls des 20. Jahrhunderts, den man daher auch als eine Kopfgeburt des 19. Jahrhunderts betrachten darf: Die »Suche nach dem verlorenen Stil« war die Traumwerkstatt der modernen Kunst, die dann für wenige Jahre in einem europaweit dominierenden Allround-Stil des Modernismus kulminierte. Der war – wie alle vorhergehenden – ein Stil der Privilegierten, deren Zahl sich im Zeichen der bürgerlichen Revolution allerdings enorm vergrößert hatte. Mit dem Biedermeier, das ebenso eine höfische wie eine bürgerliche Mode war, hatte zu Beginn des 19. Jahrhunderts im Kunstkonsum eine Entgrenzung der Klassenmilieus begonnen; an seinem Ende stand der Modernismus als der vielleicht erste regelrechte Konsumstil, der nicht nur seine aristokratischen und großbürgerlichen Auftraggeber, sondern vor allem eine Ladenkundschaft beglückte, die mit typisch moderner Untreue wenig später das Art déco hochleben ließ.

Es ist diese Zwitterstellung, die den Modernismus als *missing link* der Kunstgeschichte plausibel macht. Als Abschluß des 19. paßt er ebenso ins Bild wie als Auftakt des 20. Jahrhunderts. Das profiliert seine Erkennbarkeit als Stil trotz der Unübersichtlichkeit seines Erscheinungsbildes und seiner Bezeichnungen. Der blumige Mainstream und der geometrische Nebenfluß lassen sich nicht nur unter dem Stilbegriff des Modernismus fassen, weil es beiden um die Rhythmisierung des Ornaments ging, sondern auch, weil die kulturellen Gemeinsamkeiten letztlich die Unterschiede des Erscheinungsbildes überwogen – was für einen Stilbegriff freilich ein unerträgliches Paradox bleiben muß. Emblematisch stand dafür allerdings schon einer seiner Pioniere, der Schotte Charles Rennie Mackintosh, der beide Spielarten ganz selbstverständlich nebeneinander praktizierte.

Damit erübrigen sich auch die beiden Umwege, welche die Kulturwissenschaften gerne einschlagen, um die stilistischen und begrifflichen Paradoxien des Jugendstils zu vermeiden: »Stilkunst« und »Ästhetizismus« waren die Parolen, mit denen man über diese Zeit sprechen konnte, ohne ihre Etiketten verwenden und deren Zweideutigkeiten billigen zu müssen. Das beugte zwar der Sprachverwirrung vor, nahm der Bewegung des Modernismus aber den entscheidenden Paukenschlag ihrer Selbstdatierung als Beginn einer breitenwirksamen modernen Kunst.

Modern an ihr war schon, daß sie – bei aller unbestreitbaren Originalität – nicht ganz so authentisch war, wie sie erscheinen wollte. In der Werkentwicklung von Riemerschmid und Gaudí, um zwei weit voneinander entfernte Beispiele zu wählen, sind die Folgen der vorgängigen Neogotik noch ebenso klar zu erkennen, wie der Neobarock in den Dekors eines August Endell nachschlingerte; der Gußeisen-Gotiker Victor Horta entließ die Kreuz- und Kriechblumen nur, um dem neuen Material filigranere Pflanzen und Lianen abzugewinnen. Mit den historistischen Moden des 19. Jahrhunderts teilte der Modernismus ohnehin die Kürze seiner Geltungsdauer und die wachsende Orientierung am Konsumgütermarkt, der für zahlreiche akademisch ausgebildete, aber auftragslose Maler eine ernsthafte Alternative zum Kunstmarkt darzustellen begann. Unmodern erscheint er freilich darin, wie er seine kulturellen Quellen und historischen Unsicherheiten vergessen machen wollte und in der rauschhaften Ornamentierung einer bühnenhaften Lebenswelt aufgehen ließ – der letzte Bühnenzauber des abtretenden 19. Jahrhunderts.

Selbst nach dem raschen Untergang des Jugendstils wurde die Idee eines übergreifenden modernen Stils nicht aufgegeben; sie lebte in formal völlig anders gearteten Tendenzen fort, für die der holländische De Stijl, der russische Konstruktivismus und vor allem das Bauhaus standen: In anderer Form, aber aus dem selben Geist des 19. Jahrhunderts strebten sie nach einer kohärenten Gestaltung von Kunst und Alltag in allen Sparten, nunmehr für die gesamte Gesellschaft. Als politische Utopien standen sie dabei für einen weiteren Traum des 19. Jahrhunderts, dem von der gerechten Gesellschaft, und überschritten darin den Horizont der Konsumgesellschaft.

Gerade das Bauhaus war, was gerne übersehen wird, eine Neuauflage des Modernismus, dem es historisch und ästhetisch weitaus mehr verdankte, als die meisten seiner puristischen Nachkriegsanhänger geahnt haben mögen; in Deutschland sind die biographischen Übergänge zwischen Jugendstil und Bauhaus, die doch weit auseinander zu liegen scheinen, oft verblüffend. Im Bauhaus kam die andere Tendenz des Modernismus zur Entfaltung, die kantige, schmucklose »Ingenieurskunst« eines Adolf Loos und der neusachliche Klassizismus eines Heinrich Tessenow. Der ästhetische Totalitätsanspruch war freilich der gleiche wie in der blumigen Mehrheitsfraktion des Jugendstils, aber noch aussichtsloser.

Denn damals ging man zur »wahren« Moderne über, die ihren eigenen Geltungsansprüchen stets sofort mit Änderungsforderungen begegnet und sich in vielen Stilen und Stilchen verästelte. Das ist noch lange danach auch als Verlust empfunden worden: »Bei aller Aversion gegen das, was an Moderne veraltet dünkt, hat die Situation der Kunst gegenüber dem Jugendstil keineswegs so radikal sich verändert, wie es jener Aversion lieb wäre«, heißt es in den Paralipomena der *Ästhetischen Theorie* Theodor W. Adornos: »Der Jugendstil war der erste kollektive Versuch, den absenten Sinn von Kunst aus zu setzen; das Scheitern jenes Versuchs umschreibt exemplarisch bis heute die Aporie von Kunst.«

Hatte der gattungsübergreifende Stil des Modernismus die Phase der Stilunsicherheit eigentlich beenden sollen, so mußte er einer Vielfalt von Partikularstilen weichen, die nicht länger, wie noch im 19. Jahrhundert, als Chaos, sondern nunmehr als Reichtum des Avantgardismus empfunden wurde: Der Jugendstil hatte ein Problem gelöst, das schon die nächste Generation nicht mehr als solches verstand. Als ersehnter Retter aus dem Stilchaos kam er zu spät: Über Nacht war die Stilvielfalt Programm geworden, gegen die es vorher zu kämpfen galt. Nachdem man gesehen hatte, daß ein Einheitsstil auch dann banal wird, wenn seine Mittel originell und faszinierend sind, waren die Stilträume des 19. Jahrhunderts leichten Herzens zu verabschieden. Der Versuch, sich im Modernismus auf Dauer einzurichten, konnte europaweit nur für wenige Jahre gelingen; das war die ästhetische Tragik einer ansonsten angenehm unheroischen Kunst – eine Teestunde dauert eben nicht ewig.

Mythos Medienkunst

Überliefertes und Unerledigtes im Gebiet der bildenden Künste

Von Hans Ulrich Reck

Kunstbetrachter werden derzeit heftig zum Mitspielen aufgefordert. Sie sind gehalten, eine aktive Rolle für die Entstehung des Kunstwerks zu übernehmen. Digitale Mitspielmöglichkeiten im »Gesamtdatenwerk«, Eintauchen in den Medienverbund, Surfen durch Internet und Cyberspace, der flexible Besuch virtueller Realitäten – angesagt ist der aufgeschlossene, lockere und mündige, der postmodern geschulte und ironisch disponierte Rezipient.

Die Befreiungsschläge der Kunst haben mittlerweile jedoch deutlich Züge eines militärischen Einsatzes angenommen. Berichte von der Front der Kunst schwingen sich auf zu techno-imaginären Siegesmeldungen. Wunder an neuer Teilhabe und gesteigerter ästhetischer Erfahrung werden verkündet, nicht zuletzt unter dem dubiosen Schlagwort einer »interaktiven Kunst«. Auch theoretisch wird eine digitale Ästhetik weithin gepriesen. Der Begriff »Medienkunst« ist dementsprechend gut etabliert und verbreitet.

Lanciert vor über zehn Jahren, um dem Spiel der Kunst einen weiteren Raum zu sichern, ist es an der Zeit, eine Revision vorzunehmen. Sie ermöglicht eine Einsicht in die Rückbindung vieler der gepriesenen Innovationen an das Überlieferte und Unerledigte im Gebiet der bildenden Künste. Blicken wir auf drei wesentliche Tendenzen der Künste im 20. Jahrhundert: die stetige Ausdehnung der Materialbasis – immer mehr und neue Stoffe sind als Träger des Bildes und Material des Kunstwerks genutzt worden; die intensive Verbindung der Gattungen und Medien zu einem Verbund, der die Koppelung unterschiedlichster Reize und Sinne ermöglicht; schließlich eine auch theoretisch begründete Integration der jeweils neuen Maschinen und Apparate in den Entwurf der Künste. Sie ist zu werten als Versuch, den Ausdruck der Kunst mit den gesamtgesellschaftlich wirkenden Techno-Maschinen in einer Weise in Verbindung zu bringen, die nicht mit dem üblichen Nutzen der Maschinen zusammenfällt, sondern neue Erlebnisweisen, zuweilen gar die Revolutionierung der Lebensverhältnisse ermöglicht.

Auf diesem Hintergrund wird heute eine Tendenz deutlich: von der Synästhesie einer utopischen Moderne zum Simulations-Theater der Maschinen. Dazu ein Beispiel: Im Juli 2000 wurde beim Lincoln Center Festival New York eine »synästhetische, intermediale« Musik-Bild-Tanz-Produktion zur Aufführung gebracht. Erstmals wurde das Musikinstrument »Music Virtual World« präsentiert, dessen Erfinder in der Welt der virtuellen Realitäten seit langem einen wohlklingenden Namen hat: Jaron Lanier. In jungen Jahren schon leitete er eine Computerfirma, die sich auf die Programmierung von unterschiedlichsten Anwendungen der virtuellen Realitäten spezialisierte. Später verlegte sich Lanier, der seinem eigenen Bekunden nach mehr als zwölf Instrumente spielt, darauf, seine Talente als Komponist und Musiker zur Geltung zu bringen. Damit verschieben sich die Gewichte. Ging es vorher um die Apparate, so nun um das »weiche« und unsichtbare, das innere Gefüge des kreativen Herstellens.

Am in New York vorgeführten Werk wurde weithin bemängelt, daß die technischen Spielereien inhaltlich nur eine Variation von Disneys *Fantasia* zustande brächten. Aber das besagt nichts über die Tauglichkeit der Apparate oder die synästhetische Medialität der verschiedenen für die Ton-Bild-Generierungen zusammengefügten Ausdruckssparten: Graphische Linien werden mittels eines über eine sensibilisierte Maus-Matte gezogenen Stifts zu Tönen. Elektronische Klänge generieren auf Bildschirmen graphische Formen, deren Ikonographie direkt aus dem surrealistischen Fundus, diesem ewigen Reservoir neuer Sensibilitäten, zu stammen scheint. Lanier selber ist auf der Bühne ausgestattet mit einer Brille, die ihm ein Universum kreisender Planetenbewegungen suggeriert. Er verwandelt sich in einen Stern, um den Monde kreisen. Im Inneren der Planeten befinden sich psychedelisch eingefärbte Felsbrocken. Die Bewegungen mit dem graphischen Stift werden in Wirbelwindstrudel umgerechnet. Das Universum beginnt zu tanzen.

Die halluzinogene Qualität der Bilder erklärt den ästhetischen Willen, der ein solches Werk möglich macht. Die technologische Dimension darf demgegenüber als bloße Welt der Mittel betrachtet werden. Dennoch geht es ohne eine ästhetische Inszenierung der Maschinen nicht ab. Ganz ähnlich wie bei technologisch hochgerüsteten Musik- und Klangperformances beispielsweise des New Yorker experimentellen Techno-Rappers Scanner erweist sich die Aufteilung von Bühne und Auditorium als schwierig. Was tun, wenn die von außen wahrnehmbare kreative Handlung sich im minimalen und schon aus drei Metern nicht mehr sichtbaren Drehen von Reglern, Schiebern und Knöpfen erschöpft? Der Synthesizer ermöglichte immerhin noch ein wildes Hantieren. So daß die ihn verwendenden Gruppen wie Nice oder King Crimson in den späten sechziger Jahren als Ersatz für das wild gestikulierende, unter ganzem Körpereinsatz vollzogene Spiel an Gitarren und Schlagzeug wenigstens noch »expressiv« zu stöpseln vermochten. Robert Moogs Synthesizer ließ solches noch zu. Lanier kompensiert das Problem des autistisch im Cyberspace Vereinsamten sowie das Problem der Nicht-mehr-Wahrnehmbarkeit der die Klänge und Bilder erzeugenden Apparate durch theatralische Anstrengungen. Er bringt die virtuose Theremin-Spielerin Lydia Kavina auf die Bühne, umgibt sie mit DJs und schmückt den Sound der avancierten Tanzclubs mit elektronischen Exotismen aus der Musikgeschichte: elektronischer Harfe, Clavinet, Disklavier. Den Multi-Kulti-Part, ohne den in den USA wenigstens symbolisch nichts mehr geht, besorgt Karsh Kale, der elektrische Tablas spielt und damit die für die Westküstenmythologie unabdingbare asiatische Note ins Spiel einbringt.

Das Spektakel lebt von der alten Obsession der Avantgarde, Komposition und Performance im Zeichen des Zufalls zusammenfallen zu lassen. Lanier baut dafür einen regelrechten Zirkus auf, ästhetisiert, übertreibt, inszeniert, dynamisiert und, vor allem, musealisiert. So bringt er »Mister Synthesizer himself« Robert Moog mit seinem Instrument auf die Bühne. Lanier produziert sein multimediales *Fantasia* mit elektronischen Instrumenten, die ein Spektakel veranstalten, das zwar für die Erzeugung der Klänge und Bilder nicht wirklich notwendig ist, aber gegen die Übermacht der Maschinen dem Menschen theatralisch ein kreatives Lebensrecht behaupten soll. Lanier selbst spricht von einer Renaissance des Subjekts mittels eines »galaktischen Ergusses des menschlichen Geistes in durch Pattern generierten Elektronen«. Exakt darin drückt sich der für »Medienkunst« generell so charakteristische Irrtum aus. Er wird physisch greifbar als tonnenschwere Produktionsapparatur, die angeblich doch nur das freie Schweben und Surfen eines von aller Materie befreiten Geistes ermöglichen soll.

Eine zeitlich verschobene, reaktive Aneignung der Medienmaschine und neuer Technologien durch die Künste ist natürlich über weite Strecken unvermeidlich. Das gilt für den Inhalt, aber auch für die Tatsache, daß Präsentationsformen der Künste sich nicht so schnell ändern wie ihre Erzeugungsapparate: Der pragmatische Rahmen ist unverzichtbar, und er ist durch Gewohnheit bestimmt. Auf die Bühne kann auch da nicht verzichtet werden, wo die Organisation des künstlerischen Materials ihre Abschaffung nahelegt. Das gilt natürlich ebenfalls für die verschiedenen Radikalismen, mit denen im Namen eines befreiten Lebens die Aufhebung der Trennung von Bühne und Zuschauerraum, Künstler und Betrachter gefordert wird. Diese Forderung ist paradoxerweise nur dann sinnvoll, wenn die Differenz erhalten wird.

Der »Computerkünstler« und Preisträger der ars electronica Linz des Jahres 1987, Brian Reffin Smith, sagte damals zur Lage der technisch basierten Künste folgendes: »Computerkunst ist im allgemeinen die konservativste, langweiligste und un-innovativste Kunstform der achtziger Jahre.«[1] Das mag man als Provokation verstehen oder als im Befund nüchterne Beschreibung. Bezieht man sie auf das Problem der medialen Vernetzung von Wissenschaft, Technologie und Lebenswelt – anders gesagt: von Algorithmen, Apparaten und Aktionen – durch die Künste, dann erweist die Aussage ihre Brisanz, artikuliert sich darin doch eine wesentliche Herausforderung an die Künste. Die Kunst als symbolisches Vermögen divergiert heute mehr denn je von der Technologie der Apparate. Kunst hat ihre konstruktive Kompetenz gegenüber Geräten, Wissenschaft, Technik, generell: gegenüber dem Erkenntnisfortschritt, verloren.

Sie kann demnach überhaupt keine eigene Gegenstandswelt oder Darstellung mehr behaupten. Die Ausbildung von sogenannten Schnittstellen oder Interfaces, die komplexe Ermöglichung von Handlungsweisen und Selbsterfahrungen, die Chancen und Grenzen einer Zusammenarbeit der Menschen und Apparate in einem Environment des »Maschinischen« – dies ist die eigentliche, radikale Herausforderung. Wenn die Kunst in dieser Hinsicht nicht innovativ ist, dann trägt sie nichts zum Verständnis der Technologien bei. Dann bleibt sie Oberfläche, Dekor, naive, sich selbst unbewußte Lüge, eine unwesentliche Verschönerung des Fremden. Sie nähme diesem die Schärfe durch eine illusionäre Behauptung vorgeblicher Nähe.

Die Rede vom »digitalen« oder vom »Computerkitsch« bleibt jedoch immer noch eine sträfliche Verharmlosung, wenn sie die Kunst nicht dynamisch, als Handlung, Potential und Methode der Verbindungen versteht. Denn der Vorwurf »Kitsch« erschöpft sich wie dieser selbst in einer suggestiven Oberfläche. Die Wahrheit ist aber: Keine Oberfläche vermag mehr zu tragen oder gar auszudrücken, was Kunst zu leisten hat, die sich den wirklichen Problemen – der Erkenntnis, des Handelns, des Bezugs zur Gesellschaft und der sie prägenden Medien – widmet.

Festzuhalten ist: Solange es neue Technologien gibt oder die Frage danach, was aus ihnen für erweiterte Sinnen-Genüsse werden könnte, solange dürften sich zeitgenössische Künste herausgefordert fühlen, dies auf ihre Weise zu betreiben und sich in die Debatte um Nutzungsformen einzuschalten. Neue Medien erscheinen nämlich seit langem als in Opposition zum Vormachtsanspruch der Bilder der Kunst stehend. Auch wenn der Kampf für die Kunst schon verloren ist, sie mag sich von der Fiktion einer autonomen symbolischen Welt nicht zu lösen, ja, sie dehnt diesen Anspruch immer wieder wie selbstverständlich auf neue Maschinen aus.

Entsprechend bieten sich immer wieder überzogene Vorschläge an. So war seit der Hochschule für Gestaltung Ulm Ende der fünfziger Jahre bis weit in die siebziger Jahre der Ruf nach einer wissenschaftlichen Kunst en vogue. Man meinte, die Wirkung und demnach auch die Produktion von Kunst könne errechnet und programmiert werden. Der Mythos einer jedem Dilettanten offenste-

---

1 Vgl. Jürgen Claus, *Elektronisches Gestalten in Kunst und Design*. Reinbek: Rowohlt 1991.

henden Produktpalette beispielsweise der Computergraphik arbeitet auf diesem Hintergrund heute noch mit einem simplen Trick. Da die nichtdigitale Kunst bisher nicht hat formalisiert werden können, preist der Wunsch nach Formalisierung das digitale Universum oder das Universum der technischen Bilder eben deshalb als neu und revolutionär, weil die Welt des Digitalen erst durch Formalisierung erzeugt worden ist. Was wunder also, wenn seine Produkte als errechenbar gelten. Der Computer macht es leicht, sich durch das Spiel mit Elementen und Regeln verführen zu lassen.

Der dem zugrundeliegende Traum von Pionieren wie Max Bense, Abraham Moles und Herbert W. Franke erscheint heute dubios. Kaum nachvollziehbar, daß Künstler und Denker dieses Ranges sich daran im Ernst zu begeistern vermochten. Bis zu Beginn der siebziger Jahre war es jedenfalls geradezu eine Manie, von einer programmierbaren Kunst, von einem variablen Bestand feststehender, weltweit gleich geltender Formen auszugehen. Alles schien nurmehr eine Frage der maschinellen Programmierung zu sein. Die Übereinstimmung zwischen der Absicht eines Künstlers und einer identischen Umsetzung für das Publikum galt als Kennzeichen dieser neuen Kunst. Ohne Verzerrung stünde sie ganz im Dienste der Erhaltung und Durchsetzung universaler Formen. Der Traum von der genauen Berechenbarkeit und einem optimalen Informationsfluß war dabei ebenso leitend wie die Vorstellung, der Künstler fertige nun Serien für ein Publikum, das überhaupt keine Schwierigkeiten mit der Kunst mehr habe.

Vorgeblich geht es derzeit nicht mehr um solche autoritären Vorstellungen der Künstler, sondern um die hedonistischen Gelüste der Konsumenten. Nichts ist bezeichnender dafür als die Behauptung, die Techno-Maschine und die Totalsimulation sensuell gebundener Imagination seien endlich die Verwirklichung des vordem nur in Ansätzen oder symbolisch geträumten Traums vom Gesamtkunst-

Wir haben kulturell alles und haben es jetzt, wir lesen alles, hören alles und sehen uns alles an. Aber wo es um das Kerngeschäft geht, Arbeiten am Unbekannten, ist die Luft dünn, Expertengruppen unter sich – Lyriker hören Lyriker, Musiker Musiker, Theoretiker Theoretiker. Wie und warum werden ästhetische oder theoretische Ansprüche durchgehalten, die eine Lebenszeit kosten, vom Publikum aber nicht oder nur in verschwindendem Maße wahrgenommen werden? Daß ohne sie alle übrige Kultur, und ganz besonders das, was vom Publikum verschlungen wird, ersticken würde – das mag man sich sagen. Aber kann man von dieser Antwort leben? Und kann die Kultur von Leistungen leben, die sie im Grunde ignoriert? Das Heft geht in die genannten drei Bereiche minoritärer Werkstattarbeit, um zu erfahren, daß offenbar beide Fragen mit einem Ja beantwortet werden können.

☐

Ästhetik & Kommunikation
Wallstraße 60 · D–10179 Berlin
Tel. (0 30) 27 56 03-29 · Fax –30
www.prkolleg.com/aesthetik

werk. Der Künstler und Theoriepropagandist Roy Ascott hat das auch schon »Gesamtdatenwerk« genannt: »Als Künstler werden wir zunehmend ungeduldiger mit den einzelnen Arbeitsmodi im Datenraum. Wir suchen nach Bildsynthese, Klangsynthese, Textsynthese. Wir möchten menschliche und künstliche Bewegung einbeziehen, Umweltdynamik, Transformation des Ambientes, all das in ein nahtloses Ganzes. Wir suchen, kurz gesagt, nach einem ›Gesamtdatenwerk‹. Ort der Arbeit an und der Handlung für ein solches Werk muß der Planet als Ganzes sein, sein Datenraum, seine elektrische Noosphäre.«[2]

Das Gesamtkunstwerk als eine »Synthese« erschöpft sich auf der Seite des Rezipienten in einer halluzinogen wirkenden Künstlichkeit. Auf seiten der Produzenten entpuppt sich dieser Gestaltertraum jedoch als Manipulation mittels Berechenbarkeit von Wirkungen in großem Stil.

Der Digitalkünstler als algorithmischer Manipulator denkt sich natürlich gerne in die Rolle eines animistischen Weltdämons hinein. Es geht auch im Gesamtdatenwerk noch um den Traum von der Macht, der an der Figur des Künstlers seit der Renaissance haftet, dessen Gegenwerte im Wirklichen die Künstler aber doch weitgehend verloren haben. Weshalb sie sich darauf kaprizieren, verstärkt zu Lebenskünstlern zu werden. Heute kann dafür anscheinend zumindest rhetorisch Entgeld eingestrichen werden. Noch die banalste, dümmste und langweiligste »interaktive« Installation geriert sich in diesem Zusammenhang als animistisches Wunderwerk und göttliche Enthüllung einer Welthermetik. Faktisch kommen dabei allerdings vor allem digitaler Darwinismus sowie eine Trivialität heraus, welche die Sinne des Betrachters deshalb feiern, weil dem Künstler nichts Starkes eingefallen ist.

»Medienkunst« und »Interaktivität« sind in diesem Zusammenhang Paradebeispiele einer ideologischen Rhetorik der Überredung. Kunst erscheint darin als Mittel zur Zähmung vitaler Energien. Unübersehbar wirken darin auch die durch die Erlebnisgesellschaft gesteigerte Besuchererwartung und eine allgemeine, seit Jahren in Massenmedien vehement betriebene Dauer-Infantilisierung. Daß das gleichzeitig die Verwirklichung eines schamlosen pädagogischen Vermittlungsideals der Kunsterziehung der siebziger Jahre darstellt, macht die Sache nicht besser. In beiden Fällen geht es um das rücksichtslose und sinnengierige Sich-Einverleiben der Kunstwerke durch taktile Nähe, am liebsten durch oralen Verzehr und unentwegtes Betatschen. Durch dieses lerne man angeblich besser verstehen. In Wahrheit will man sich das Recht einhandeln, das Anstößige einer schwierigen Kunst abzuwehren und sich für die Mittelmäßigkeit der eigenen Sinne dadurch schadlos zu halten, daß man die eigene Physiognomie auf das Kunstwerk überträgt, um mit diesem vermeintlich von gleich zu gleich zu verkehren.

Ein weiterer Gesichtspunkt ist wesentlich: Durch die Ermöglichung der »Interaktivität«, so die Behauptung, komme endlich der Besucher zu seiner ästhetischen Würde. Damit wird jedoch ein einseitiges Bild der klassischen modernen Kunst gezeichnet. Als ob es dieser nur um den rituellen Dienst am Werk gegangen sei und am Künstler, welcher als moderner Magier ausschließlich seine eigenen Erfahrungen ausdrücke. Aber bereits bei den Surrealisten gibt es eine Kunst jenseits der Kunstwerke, eine freigesetzte, fließende Obsession. Bereits sie sprengten das autonome Kunstwerk durch eine Kunst, die sich in einem Jenseits der Werke abspielte: Und was könnte das anderes sein als das Selbsterleben des Betrachters?

---

[2] Roy Ascott, *Gesamtdatenwerk*. In: *Kunstforum International*, Bd. 103, 1989.

Carl Einstein feierte in seinem Buch über Georges Braque schon früh einen Künstler, der zu einer scharfen Kritik des Werkbegriffs auffordere, gar zwinge.³ Einstein zeigt, daß eine genuin klassische Selbstbeschreibung der modernen Kunst den Werkbegriff prinzipiell überschreitet. Seine Kritik nämlich mündet in den Vorwurf, das Kunstwerk werde vom Publikum nicht mehr dynamisch erfahren, sondern zwinge zum bloßen meditativen Nachvollzug, den man freundlich als mimetisch und unfreundlich als versklavend beschreiben kann. Einstein ging so weit zu behaupten, die vielgepriesene Einheit des klassischen Bildes sei damit erkauft worden, daß man die elementaren seelischen Vorgänge, die eigentlich bewegenden Intensitäten aus dem Sehen ausgeschaltet habe. Einstein wendet sich also ebenso entschieden wie hartnäckig gegen eine kontemplative Ästhetik.

Seine Polemik kann man aber nicht umdrehen: Nicht jedes Plädoyer für die Selbstvergegenwärtigung der seelischen Intensitäten an Stelle der Kontemplation von Werken ist schon über die bürgerliche Ästhetik hinaus. Im Gegenteil: Man hat den Eindruck, das Plädoyer für »Interaktivität« ergänze die unberührte Kontemplation interesseloser Bewegtheit bloß durch kleine Einsprengungen plebejischer Belustigungs- und Erregungsästhetik, libidinöse Partikel eines ansonsten geschmähten Ablenkungstheaters.

Carl Einstein meinte also dezidiert, der Betrachter müsse Gelegenheit erhalten, seinen Umgang mit der Kunst zu verändern, zu erweitern, zu modifizieren. Das Kunstwerk solle dabei als Material für menschliche Handlungen benutzt werden und es könne sich auflösen, verfallen, in anderes übergehen. Aber Einstein dachte nicht, daß das Ende der Illusion einer ästhetischen Vollkommenheit dadurch gerechtfertigt sein könnte, daß die Betrachter in einem willkürlichen Urteil über die Werke nach Belieben verfügen. Wenn die Kunst leben will, dann kann sie nicht unbeweglich sein. Dann muß sie zu handeln beginnen. Das hat sie schon früh im 20. Jahrhundert in einer Weise getan, welche die jüngste Schwärmerei vom »Gesamt(daten)kunstwerk« als dreist erscheinen läßt.

Wer würde die synästhetischen Experimente im Umkreis von Kandinsky, Skrjabin, Schönberg vergessen wollen, die doch nichts anderes gewesen sind als intermediale Texturen zwischen Bild, Tanz, Bühne, Klang? Zu den wesentlichen Unternehmungen sind selbstverständlich auch Kinematographie und Film zu rechnen. Auch Robert Rauschenbergs Ausradieren einer Zeichnung von Willem de Kooning im Jahre 1953 gehört in die Sphäre einer Kunst als Handlung, ganz zu schweigen von den späteren Auftritten von Fluxus und den Exponenten der Performance. Die Künste des 20. Jahrhunderts sind ohne stetige Klärung der Fragen nach dem Ursprung der Kreativität, der Kritik der Zivilisation, der Funktionalität der Lebensgestaltung, der Utopie der Gesellschaftsveränderung, der Verbindung der bildenden Künste mit der Architektur und der Aufhebung der Trennung von hoher und niedriger, freier und angewandter Kunst nicht denkbar.

Fazit: Die Kunst hat entschieden die zentrale Stelle einer Lenkung der visuellen Kultur verloren. Sie hat keine Prägekraft mehr für die ganze Kultur oder die Kultur als Ganzer. Sie will auch gar nicht mehr die gesellschaftliche Imagination anleiten, wie das seit der Renaissance für einige Jahrhunderte der Fall gewesen ist. Kunst wird künftig eher etwas sein, das für Eliten verfertigt wird, sich an Spezialisten wendet, ein spezifisches Lebensgefühl erzeugt, das mit den Formationskräften der Gesellschaft, aber auch den

---

3 Vgl. dazu Hans Belting, *Das unsichtbare Meisterwerk. Die modernen Mythen der Kunst*. München: Beck 1998.

Energieschüben oder Zwängen von Wissenschaft und Technologie nicht mehr kooperativ, sondern wohl vornehmlich in Gestalt von Konflikten verbunden ist.

Die von Lucy Lippard in den sechziger Jahren analysierte »Dematerialisierung der Kunst« ist keineswegs als Folge neuer Technologien zu bewerten. Viele damalige Experimente vollzogen die Verschiebung des Werkstoffs auf Erlebnisenergien, Imagination und Zeitrhythmen ohne Verwendung elektronischer Geräte. Es ist die vorgängige Entgrenzung des Kunstbegriffs, die die »Medienkunst« möglich gemacht hat. Es mag in der »digitalen Interaktion« der Einbezug des Betrachters zwar perfekter gehandhabt sein, aber seine Beteiligung stand schon früher auf der Tagesordnung der artistischen Experimente. Auf zahlreichen Bühnen gab es keine Betrachter mehr, sondern nur noch Mitspieler. Was heute als »Gesamtdatenwerk« oder »immersives Environment« gefeiert wird, hat seine Wurzeln in einer konzeptuellen Selbstkritik der Kunst und einer Umformung des Kunstwerks in neue Erlebnisweisen. Das muß die »Medienkunst« immer wieder vergessen machen, will sie den Anschein des Innovativen und Fortschrittlichen im Bereich der bildenden Kunst aufrechterhalten.

Verlangsamtes Sehen

Raum und Zeit in der aktuellen Videokunst

Von Andreas Strobl

Film und Video sind Medien, die nicht auf die kunsthistorischen Hörsäle warten. Die aktuelle Diskussion, ob die Kunstwissenschaft das Kino verpaßt hat, ist daher rührend anachronistisch – eine Wissenschaft, die das hundertfünfzigjährige Medium Fotografie immer noch zu den neuen zählt! Die Kunstkritik der Fachzeitschriften und der noch schnelleren Tageszeitungen bietet die gewünschte Sinnstiftung sowieso umgehend. Auch wenn in der Kunstwissenschaft jetzt zur Aufholjagd geblasen und die Hoheit über das mediale Bild angemahnt wird, bleibt doch die beruhigende Tatsache, daß die Kunst immer schon weiter ist, wenn der Kunsthistoriker meint, in der Gegenwart angekommen zu sein.

Video ist heute das Medium der Popindustrie. Doch was am Markt der Musikvideos geboten wird, ist geballte Phantasielosigkeit: Der Musikfan möchte seinen Helden zappeln sehen, unterstellen zumindest Industrie und Regisseure. Fatal wirkt sich dabei aus, daß in den Liedern meist Geschichten erzählt und diese für die Musikvideos in Bilder umgesetzt oder mit Bildern unterlegt werden können. Ausnahmen bestätigen die Regel, wenn man einige aktuelle Beispiele heranzieht: Madonna tritt im Video zu »American Pie« vor den Vorhang – das *star-spangled banner* – auf eine Guckkastenbühne, die es ihr erlaubt, ausgiebig den erotischen Hüftschwung in Szene zu setzen. Im Gegenschnitt wandelt sich der Vorhang zur Kulisse, vor der die amerikanische Bevölkerung posiert. Der Regisseur des Videos, Philipp Stölzl, hat sich hier durch die Fotografien von Stefan Moses inspirieren lassen, der 1990 durch die DDR reiste und im Stile von August Sanders die Berufsstände dokumentierte: Menschen, die sich bei Moses mit ihrer Gerätschaft vor eine Plane der Kamera stellten. Von Freaks bis zur optischen Inkarnation des amerikanischen Spießbürgers sind bei Madonna/Stölzl alle vertreten – so verbinden sich in dem Video alt und neu, ohne daß es dem Popstar aufgefallen sein muß, und es verbindet sich Video mit Fotografie, das neue mit dem älteren Medium.

Auch andere Gruppen, die zu den geistreicheren Bilderproduzenten im Videogewerbe zählen, beziehen sich in letzter Zeit auf ältere Bild-Geschichte. Die Smashing Pumpkins zelebrieren im Clip zu »Stay Inside Your Love« einen schwarzweißen Traum schwüler Erotik, Schleiertänze à la Salomé, fette, dekadente Hofleute, dick aufgeschminkte Fratzen mit rollenden Augen, wie man es etwa aus Friedrich Murnaus Haremsdrama *Sumurun* kennt. Bei den Smashing Pumpkins ist diese Exotik durch die Ornamente Aubrey Beardsleys gefiltert. Auch im Video »Otherside« der Red Hot Chili Peppers bietet eine (alb)traumhafte Situation die Vorlage für eine Geschichte, deren scherenschnittartige Bühnenbilder an die expressionistischen Kulissen von Robert Wienes *Cabinet des Dr. Caligari* erinnern.

Während sich Musikvideos die Film- und Fotogeschichte anverwandeln, wechseln bildende Künstler wie Cindy Sherman, Robert Longo und Julian Schnabel ins traditionelle Filmgeschäft. Videokünstler bemühen sich hingegen in ihren Arbeiten immer anspruchsvoller und professioneller um die Verbindung von Ton und Bild oder plündern die Filmgeschichte.

Die junge Britin Sam Taylor-Wood wurde mit 360-Grad-Fotografien bekannt. In ihren Panoramafotos der Serie »Five Revolutionary Seconds« – die Spezialkamera benötigt fünf Sekunden für eine Umdrehung – kombinierte sie das Bild mit einer Geräuschkulisse, die der Betrachter mit den gezeigten Figuren und Räumen verbinden kann. So wurde aus dem Panorama eine Erzählung, und die Zeit der Aufnahme wurde zur erzählten Zeit. Eine einfache Idee, und doch eine Innovation in der Fotogeschichte.

Waren die »Five Revolutionary Seconds«, die ab 1995 entstanden, eine Retheatralisierung des statischen und stillen Tableau vivant, so verwies die Künstlerin mit dem Foto »Wrecked« von 1996 deutlich auf die Tradition dieser Bildgattung, indem sie Leonardos »Ultima Cena« nachstellen ließ – mit dem Unterschied, daß bei Taylor-Wood statt Christus im Zentrum der Tafel eine Frau mit nacktem Oberkörper steht. Doch so plakativ ist ihre Arbeit nur selten.

Im letzten Jahr entwickelte sie ihre Videoarbeit ebenfalls immer mehr in die Richtung eines 360-Grad-Kinos, in dessen Zentrum der Betrachter steht. Schon in der Video-Installation »Travesty of a Mockery« (1995) bezieht Taylor-Wood den Betrachter in einen Streit zwischen Mann und Frau mit ein. Das Thema des eskalierenden Gesprächs wirkt wie eine Referenz auf Bruce Naumans Video »Violent Incident« von 1986, in dem ein Mann einer Frau an einem schön gedeckten Tisch einen Stuhl anbietet und ihn dann wegzieht, als sie sich setzen will. Die zu Beginn gepflegt wirkende Inszenierung führt zur gewaltsamen Eskalation, bis beide am Boden liegen. Taylor-Wood projiziert ihre beiden Protagonisten auf getrennte Leinwände, die im 90-Grad-Winkel angeordnet sind. So wird der Raum zwischen beiden Gesprächs- oder Streitpartnern zum realen Raum, der Teil des Betrachterraums ist. Die Geschichte kulminiert, als der Mann in den Raumteil der Frau springt und tätlich wird.

Diese Verräumlichung der Projektionsfläche steigerte die Künstlerin in der Installation »Atlantic« (1997), die bezeichnenderweise auf 16-mm-Film gedreht und dann erst digitalisiert wurde. Hier steht der Betrachter zwischen den beiden Hauptfiguren: Eine junge Frau versucht mit zunehmender Verzweiflung, ein Gespräch mit einem Mann zu führen, dessen Gesicht wir nicht sehen, aber dessen Hände Gesten der Verlegenheit beim Hantieren mit Glas und Zigarette vollführen. Diese beiden Bilder werden an gegenüberliegende Wände projiziert, während die Wand dazwischen die Panoramaansicht eines belebten Restaurants bietet, in dessen Hintergrund man die simultan ablaufende Gesprächsszene entdecken kann. Die Geräuschkulisse des Restaurants erlaubt es nicht, die Worte zu verstehen, doch die Gesten der beiden Protagonisten sind so beredt, daß der Betrachter sich die Geschichte, die abläuft, vorstellen kann: Ein intimes Thema wird hier in der Öffentlichkeit besprochen, und der Besucher der Ausstellung wird zum Voyeur.

Es war naheliegend, in der Installation »Third Party«, die 1999 erstmals im Stuttgarter Kunstverein gezeigt wurde, den Betrachter ins Zentrum von sieben Projektionen an allen vier Raumwänden zu setzen. Wir befinden uns hier inmitten einer Party, die keine Mitte hat. Dem Eintretenden sitzt in Überlebensgröße die gealterte Inkarnation des englischen Partygirls, die Popsängerin Marianne Faithful, gegenüber. Sie beobachtet, was auch der Ausstellungsbesucher sieht: eine Party, auf der getanzt, getrunken, geraucht und geflirtet wird. Mit sieben Kameras - eine davon beweglich - hat Taylor-Wood zehn Party-Minuten eingefangen, die in Wirklichkeit sorgfältig durchkomponiert im Studio entstanden und auf Filmmaterial aufgenommen wurden. Die Grenze zum Kinofilm ist daher nur noch durch den Aufführungsort definiert, die Künstlerin firmiert als Regisseurin im Abspann des Katalogs, während ihr Film in Endlosschleife abgespielt wird. Wieder steht der Betrachter im Spannungsfeld einiger Figuren: Eine junge Frau flirtet mit einem Mann, während ihr Begleiter auf einem Sofa sitzt und sich ärgert. Die routiniert-gelangweilt schweifenden Blicke von Faithful sowie die auf das Objekt seiner Begierde gerichteten des Mannes kreuzen sich so, daß der Betrachter zwischen ihnen steht. Wieder ist mit beiden Personen die Betrachtersituation im Werk reflektiert.

Die Verfahren der Aufnahmen in »Third Party« sind aus der Filmgeschichte bekannt. Man denke an die scheinbar ohne Schnitt auskommenden Partyszenen eines Woody Allen, die vom ununterbrochenen Dialogfluß zusammengehalten werden oder an die Bildausschnitte, in denen nur ein Teil der Szene zu sehen ist, deren wichtigster Handlungsträger unsichtbar bleibt, wie es in den Filmen der Nouvelle Vague praktiziert wurde. Nicht zuletzt geht es bei Taylor-Wood um ein zentrales Sujet des Kinos: Liebe und Erotik. Von der bildenden Kunst aus betrachtet, sind in der Installation klassische Bildgattungen vereint: Porträt, Gruppenporträt und ein Stilleben, das nicht still steht, sondern durch leere Gläser und Zigarettenkippen ständig erweitert wird.

Die Anfänge der Videokunst lagen in den sechziger Jahren in den verlockenden Möglichkeiten, mit einer leichten Kamera zu einem schnellen Ergebnis zu kommen oder in Installationen mittels des Closed circuit von Kamera und Monitor den Betrachter selbst ins Bild zu bringen. Bei Taylor-Wood ist die Videoinstallation so komplex geworden wie die aufwendige Studioproduktion des Films. Die Technik - vor allem der digitale Schnitt und die Möglichkeiten, Bild und Ton zu kombinieren - dient bei ihr zur Inszenierung eines Moments. Die Installation der sieben bewegten Bilder, die man auch als 360-Grad-Kino bezeichnen könnte, bietet ein außergewöhnlich suggestives Erlebnis der Geschichten, die ja zum guten Teil erst im Kopf des Betrachters entstehen.

Eine eher minimalistische Tendenz der aktuellen Videokunst setzt der Geschwindigkeit der alltäglichen elektronischen Bilder die »Entdeckung der Langsamkeit« entgegen. Der Brite Douglas Gordon ist hier ein Vorreiter, indem er mal einen Film so langsam abspielt, daß er 24 Stunden dauert - Hitchcocks *Psycho* (»24 Hour Psycho«, 1993) -, mal die normal schnelle Version parallel zur Zeitlupe abspielt: »Hysterical« (1994/95), eine Aufnahme des legendären Dr. Charcot, der eine Patientin vorführt. So wird in der Gegenüberstellung die Wahrnehmung geschult und in der Zerdehnung die Destruktion der Geschichte erlebbar, aus der neue, ganz andere Geschichten entstehen können.

In seiner Videoinstallation »Feature Film«, die Gordon 1999 im Kölner Kunstverein präsentierte, kombiniert er die Ästhetik der Echtzeit mit der klassischen Filmgeschichte. Es ist nun nicht mehr das Filmmaterial selbst, mit dem er arbeitet, sondern die Imagination des Betrachters mittels der Filmmusik. Gordon zeigt aus drei Kameraeinstellungen den Kölner Generalmusikdirektor James Conlon, wie er die Musik von Bernard Herrmann zu Hitchcocks *Vertigo* dirigiert. 124 Minuten lang konzentrieren sich die drei Kameras, deren Bilder zu einem kontinuierlichen Film geschnitten wurden, auf den Kopf und die Hände des Dirigenten, die von vorne und von der Seite aufgenommen wurden. In den Pausen, in denen die Filmgeschichte mit ihren kaum hörbaren Dialogen läuft, schwenkt die Kamera auf die verschwommenen Reihen rot gepolsterter Stühle. Kopf und Auge sind in Hitchcocks Film Leitmotive, die ausgehend vom Vorspann immer wieder zusammen mit einem Spiralwirbel die Höhenangst des Helden verbildlichen. Kopf und Auge des Dirigenten bei Gordon zeigen die Anspannung sekundengenauer Arbeit und werden so zum Spiegel des »Suspense«.

Wie es für die Videokunst typisch ist, wird die Zeit des Betrachtens zu einem wesentlichen Teil des Werks. 124 Minuten lang wiederholen sich Gesten und Blicke in unterschiedlicher Kombination, lassen die Pausen Spannungsbögen entstehen oder die Gedanken abschweifen. In der Kölner Installation intensivierte Gordon diese Effekte durch die doppelte Projektion des Videos an die beiden weit voneinander entfernten Stirnwände des Ausstellungsraumes. Der Betrachter hatte die Wahl der Distanz und die Bewegungsfreiheit, die das aufdringlich monumentale Bild des Dirigenten mildern und zugleich skulptural im Raum erleben ließ – eine völlig andere Räumlichkeit als bei Taylor-Wood.

Die Verfahren von Taylor-Wood und Gordon könnten nicht unterschiedlicher sein. Das komplett erfundene und das mehr oder weniger gefundene Material zwingt den Betrachter, Geschichten zu imaginieren. Zugleich wird er Teil des Raumes, in dem diese Geschichten stattfinden. Die Historie der bewegten Bilder ist dabei zum selbstverständlichen Fundus einer Videokunst geworden, die das Stadium des technischen Experimentierens endgültig hinter sich gelassen hat. Insofern ist die Grenze zu den wenigen guten Musikvideos ebenso fließend wie die zum Kino selbst. Die Domäne der – bildenden – Kunst ist vor allem ihr Umgang mit der Zeit, der sich dem des kommerziellen Geschichtenerzählens – sei es im Kino, sei es parallel zur Taktung des Musikvideos – entzieht.

NOTIZEN

DOROTHEA FRANCK, geb. 1948, lehrt am Institut für Allgemeine Literaturwissenschaft und Linguistik der Universität Amsterdam.

GEORG FRANCK, geb. 1946, Professor für EDV-gestützte Methoden in Architektur und Raumplanung an der TU Wien. 1998 ist erschienen *Ökonomie der Aufmerksamkeit*.

GUNTER SCHÄBLE, geb. 1938, Journalist.

LEOPOLD FEDERMAIR, geb. 1957, Autor und Übersetzer. 2001 ist erschienen *Die kleinste Größe*.

CHRISTOPH TÜRCKE, geb. 1948, Professor für Philosophie an der Hochschule für Grafik und Buchkunst, Leipzig. 1998 ist erschienen *Rückblick aufs Kommende*. – Der Beitrag ist dem von Heinrich Bergmeier herausgegebenen Band *Le Sacre* entnommen, der im Juli 2001 im Pfau-Verlag, Saarbrücken, erscheinen wird.

DIRK BAECKER, geb. 1955, Professor für Soziologie an der Universität Witten/Herdecke. Zuletzt sind erschienen *Wozu Kultur?* (2000) und *Wozu Systeme?* (2001).

ULF ERDMANN ZIEGLER, geb. 1959, Kritiker und Kurator. 2000 ist erschienen der Katalog *Die Welt als Ganzes. Fotografie aus Deutschland nach 1989*, herausgegeben vom Institut für Auslandsbeziehungen, Stuttgart.

THOMAS WIRTZ, geb. 1964, leitet das Ressort »Neue Sachbücher« der *Frankfurter Allgemeinen Zeitung*. 2001 ist erschienen *Bildersturm und Bilderflut. Zur schwierigen Anschaulichkeit* (Mitherausgeber).

ADAM KRZEMIŃSKI, geb. 1945, Redakteur der Wochenzeitung *Polityka*.

WALTER GRASSKAMP, geb. 1950, Professor für Kunstgeschichte an der Akademie der Bildenden Künste in München. 2000 ist erschienen *Konsumglück. Die Ware Erlösung*.

HANS ULRICH RECK, geb. 1953, Professor für Kunstgeschichte im medialen Kontext an der Kunsthochschule für Medien Köln. Zuletzt ist erschienen *Heute ist Morgen. Zur Zukunft von Erfahrung und Konstruktion* (2000).

ANDREAS STROBL, geb. 1965, Kunsthistoriker, Leiter der graphischen Sammlung am Museum Georg Schäfer in Schweinfurt. 1996 ist erschienen *Otto Dix. Eine Künstlerkarriere der zwanziger Jahre*.

Der Merkur erscheint monatlich.
Die Zeitschrift kann durch jede Buchhandlung oder unmittelbar vom Verlag bezogen werden. Preis des Einzelheftes DM 19 / öS 139 / sFr 18,30 des Doppelheftes DM 36 / öS 263 / sFr 34,10, im Abonnement jährlich DM 190 / öS 1387 / sFr 164, für Studenten und Akademiker im Vorbereitungsdienst gegen Vorlage der Studienbescheinigung im Abonnement jährlich DM 140 / öS 1022 / sFr 122. In Drittländern (außerhalb der EU) gelten die angegebenen Preise netto; alle Preise jeweils zuzüglich Versandspesen.
Das Abonnement verlängert sich automatisch, wenn die Kündigung nicht bis zum 1.12. erfolgt. Zuschriften, die den Vertrieb und die Anzeigen betreffen, an den Verlag erbeten. Für unverlangte und ohne Rückporto eingesandte Manuskripte kann keine Gewähr übernommen werden. Nachdruck eines Beitrags während der gesetzlichen Schutzfrist nur mit Genehmigung des Verlags. Auch die Rechte der Wiedergabe durch Vortrag, Funk- und Fernsehsendung, im Magnettonverfahren oder auf ähnlichem Wege bleiben vorbehalten.

J. G. Cotta'sche Buchhandlung Nachfolger GmbH, Postfach 106016, 70049 Stuttgart, Telefon (0711) 6672-0.
Verantwortlich für den Anzeigenteil: Rainer Just. Abonnementsverwaltung: Thomas Kleffner, Telefon (0711) 6672-1648, Fax (0711) 6672-2032. e-mail: th.kleffner@klett-cotta.de Anzeigenverwaltung: Maria Stork, Telefon (0711) 6672-1348, Fax (0711) 6672-2030. Zur Zeit ist die Anzeigen-Preisliste Nr. 17 vom 1.1. 1999 gültig.
© J. G. Cotta'sche Buchhandlung Nachfolger GmbH, Stuttgart 2001.

Fotosatz: TypoScript, Waldorf & Deiser, München. Druck und Einband: Ludwig Auer, Donauwörth.

Redaktionsschluß: 7.5.2001

ISSN 0026-0096   NC N NCA

Im nächsten Heft:

PAUL NOLTE
Konservatismus in Deutschland.
Geschichte – und Zukunft?

KARL OTTO HONDRICH
Mehrheitsmoral und Elitenmoral

SIEGFRIED KOHLHAMMER
Über Genozid, moralische Ressourcen und Belange der Gegenwart

DIRK BAECKER
Niklas Luhmann in der Gesellschaft der Computer

Neuerscheinung Herbst 2001

Manuel Castells
Das Informationszeitalter

Castells liefert die Gesamtanalyse der Weltgesellschaft um die Jahrtausendwende – ökonomisch, soziologisch, kulturell. „Kein Buch über Bücher" nennt der Autor sein Werk und akzentuiert damit dessen empirischen Gehalt. Die Kritiker der amerikanischen Ausgabe vergleichen Castells mit Karl Marx und Max Weber.

Anthony Giddens schreibt: *„Das ist der bisher überzeugendste Ansatz, die Konturen des globalen Informationszeitalters zu zeichnen."* Alain Touraine meint: *„Dieses Buch wird für die kommenden Jahre das Referenzwerk für alle Soziologen und Politikwissenschaftler sein."*

1996 erstmals erschienen, ist das Werk bereits in alle europäischen Sprachen übersetzt. Im Herbst 2001 erscheint bei uns die deutsche Ausgabe der zweiten Auflage von 1999.

- Band 1: **Die Netzwerkgesellschaft**
- Band 2: **Die Macht der Identität**
- Band 3: **Jahrtausendwende**

Je Band ca. 500 Seiten
Gebundene Ausgaben und Studienausgaben/Paperback

Weitere Informationen zu den Bänden erhalten Sie direkt bei uns im Verlag oder unter: **www.leske-budrich.de**

■ Leske + Budrich · Postfach 30 05 51 · 51334 Leverkusen
Tel.: 02171/4907-0 · Fax: 02171/4907-11 · E-Mail: lesbudbupl@aol.com

taz muss sein.

Die taz ist für mich unentbehrlich geworden. (Rudolf Augstein, Herausgeber *Der Spiegel*); taz muss sein, we[...] e für den vergessenen Kontinent Afrika trompetet. (Rupert Neudeck, Sp[...]ss sein, weil sie die einzige Zeitung ist, die etwas wagt — humorvoll, lin[...] taz ist das „Zentralorgan" derer, die heute in Politik und Wirtschaft un[...] als junge Linke aus dem Osten sehr interessant. (Angela Marquardt, PD[...]muss sein, weil mir manche Artikel wirklich den Tag versüßen können. (M[...] Zeitung, über die ich mich so oft ärgere, muss unbedingt erhalten ble[...]ur wirklich über etwas, das einem auch wichtig ist. (Gregor Gysi, Fra[...]g); taz muss sein, weil sie etwas Originelles und Kreatives hat. Und im[...] interessante Frauen als Chefredakteurinnen. (Johanna Haberer, Ru[...]EKD); Ohne die taz wäre ich viele Vergnügen los; z.B. die Freude an der un[...]Schadenfreude über bissige Kommentare, Spaß an den Schlagzeilen, de[...]ng. (Fritz Pleitgen, Intendant des WDR); Seitdem die SPD keine linke Pa[...]ge Zeitung links von der Mitte, nämlich die taz, für Deutschland unverzichtbar. (Helmut Kindler, Verleger und Publizist), taz muss sein, weil sie es selbst bei Themen, die alle anderen auch bringen, häufig schafft, eine neue Perspektive hinzuzufügen. (Antje Radcke, Bündnis 90/Die Grünen); Die taz ist der Ausgang des Menschen aus seiner selbst verschuldeten Unmündigkeit. Unmündigkeit ist das Unvermögen, die taz zu retten. Selbst verschuldet ist diese Unmündigkeit, wenn die Ursache derselben am Mangel des Mutes liegt, sich täglich der eigenen taz zu bedienen. (Ulrich Beck, Soziologe und Phiolosoph); „Mainstream" gibt es genug. Eine intakte Presselandschaft braucht auch Zeitungen, die ein wenig gegen den Strich gebürstet sind, manchmal unbequem sind, gelegentlich zum Widerspruch herausfordern – auch mich. Die taz gehört dazu. (Regine Hildebrandt, „Stimme des Ostens"); Freche, frische, nachdenkliche, unbequeme Artikel muss es weiter geben – natürlich in der taz. (Lothar Bisky, taz-Genosse); Die taz ist weder bürgerlich noch was man vor ein paar Jahren alternativ nannte. Sie gehört auch nicht irgendeiner linken Schickeria an. Jedes Mal, wenn ich sie lese, glaube ich, sie ist einfach ehrlich. (Marcel Ophuls, Dokumentarfilmer); taz muss sein, weil sie Deutschlands sonnigste Tageszeitung ist. (Franz Alt, TV-Moderator und Autor); taz muss sein, weil ohne sie unsere Zeitungslandschaft ärmer sein würde. (Herbert Schnoor, NRW-Innenminister a.D.); Die taz muss sein. Couragierte Texte, die politische Sachverhalte klug hinterfragen, werden in der deutschen Presse ohnehin immer seltener. (Anna Rosmus, Geschichtsforscherin); taz is a good piece of work. And I wish it well. (Ken Kesey, Schamane und Schriftsteller); taz muss sein, weil sie die kreativste Kind der Freiheit war, noch ist und bleiben soll: immer anstößig und Anstöße gebend! Die Freiheit nehm ich mir täglich! (Heiko Kauffmann, Sprecher von Pro Asyl); taz muss sein, denn ohne sie werden wir es noch viel schwerer haben, auf eine wirklich zukunftsfähige Gesellschaft hinzuarbeiten. (Nathan Berg und Maxi Richtzenhain); Ich schätze die taz, weil ich es auch in der größten Not nicht übers Herz brächte, eine harmlose Stubenfliege mit dem „Focus" zu erschlagen. (Martin Sonneborn, Chefredakteur *Titanic*); Die taz ist eine der seltenen kritischen Stimmen in einer sich homogenisierenden Medienlandschaft. (Ignacio Ramonet, Herausgeber von *Le Monde diplomatique*); Die taz ist mehr als eine Zeitung: Sie ist eine gesellschaftliche Instanz. taz muss sein, weil sonst die letzten Revoluzzer in der Medienlandschaft weg sind. (Nadine Angerer, Fußball-Nationaltorhüterin); taz muss sein, weil sie mich provoziert und weil ihr Witz manchen grauen Morgen heiter macht. (Peter Voß, ARD-Vorsitzender und Intendant des SWR); Die typische taz-Mischung aus Idealismus und Professionalität, aus Witz und Kritik ist für alle jungen JournalistInnen ermutigend – und für die alten auch. (Imme de Haen, Leiterin der Evangelischen Journalistenschule in Berlin); taz muss sein, weil sie zeigt, wie schwierig es sein kann, in dieser Gesellschaft zu (über)leben. (Bernd F. Lunkewitz, Verleger); Ich habe erfahren, dass die taz jetzt eine Kampagne durchführt, die diese wichtige alternative Zeitung am Leben halten soll, und dies möchte ich von ganzem Herzen unterstützen. (Dalai Lama, Friedens

Ich lese die taz der Wahrheit wegen.

(Jürgen Trittin, Bundesminister für Umwelt, Naturschutz und Reaktorsicherheit)

5 Wochen taz für 20 Mark.
Abotelefon (0 30) 25 90 25 90
Abofax (0 30) 25 90 26 80
E-Mail: abomail@taz.de
www.taz.de

614

Brigitte Kronauer:
Teufelsbrück
Roman

507 Seiten, Leinen mit Schutzumschlag,
Lesebändchen
DM 44,–/öS 321,–/sFr 42,10
ISBN 3-608-93070-1
www.klett-cotta.de

Jetzt abonnieren!
Le Monde diplomatique, Abo-Abt.
Kochstraße 18, 10969 Berlin,
Tel. (030) 259 02-211, Fax: (030) 251 93 16.
Infos unter: www.monde-diplomatique.de

Teufelsbrück« ist der Roman eines Liebesabenteuers, einer Verzauberung und ihr Ende. Ein reiches, auch märchenhaftes Buch, das in die Tradition der deutschen Literatur und in aktuellste Gegenwart tief eingelassen ist.

»Dieser Roman wird Literaturgeschichte machen.«
Reinhard Baumgart / DIE ZEIT

Kluge Lösungen

zur Sicherung der Vielfalt und Schönheit europäischer Kulturlandschaften

Unterstützen Sie die zukunftsorientierte Arbeit der Stiftung Europäisches Naturerbe als Förderer. Infos bei: Euronatur, Konstanzer Str. 22, 78315 Radolfzell

Klett-Cotta